싸구려 월급 미친 세금

커리어 독립플랜

어려움이 크면 클수록 그것을 극복하는 데 더 많은 영광이 따른다. 노련한 선장은 풍랑과 폭풍을 통해 명예를 얻는다.

– 버넌 하워드 –

NO 1. 헤드헌터가 알려주는
직장생활의 시작, 이직, 커리어독립 준비까지

싸구려 월급 미친 세금
커리어 독립플랜

– 명품커리어를 만들어주는 여자_김경옥 지음 –

RITEC CONTENTS

사회생활의 시작부터 커리어독립을 준비해야 합니다.

자신의 커리어에 대한 큰 그림을 그리는 것이 중요합니다. 취업부터 적응하고, 이직하고, 전문성을 갖추어 독립하기까지 본인의 커리어 로드맵을 그리고 그 안에서 움직이는 것이 필요합니다. 왜냐하면 평생직장은 없기 때문입니다. 그 어떤 회사도 내 인생을 책임져 주지 않기 때문입니다. 내 커리어를 책임지고 관리해야 하는 사람은 다른 누구도 아닌 바로 나이기 때문입니다.

당신의 꿈은 회사원이었습니까? 아니, 당신의 꿈이 회사원이었어도 괜찮습니다.

그럼, 당신의 꿈을 언제까지 지속할 수 있을 것이라고 생각하십니까?

40대? 50대? 60대?

당신이 언제까지 회사원으로 살든지 상관없이, 앞으로 100세를 살아야 합니다. 회사원으로서의 삶이 끝난 이후, 당신의 삶도 함께 마무리할 겁니까? 일은 삶의 원동력입니다. 조직생활 이후에도 우리가 해야 할 일은 있어야 합니다. 당신은 어떤 일을 준비하고 있습니까?

조직에서의 성장에는 한계가 있을 수밖에 없습니다. 직장인으로서의 커리어는 40대에 절정을 이루고, 이때에는 선택을 해야 합니다. 몇 자리 남지 않은 50대 직장인의 커리어를 선택하겠습니까? 아니면 전문가로서의 커리어독립을 하겠습니까?

100세 시대를 사는 우리에게 사회 근육, 경제 근육, 커리어 근육을 키우기 위해서 조직생활은 필수입니다. 하지만 조직생활에만 머물러 있을 수는 없습니다. 우리는 조직생활을 통해 홀로서기에 필요한 근육을 키우고, 커리어독립을 이루어야 합니다.

100세 시대에는 더 이상 한 가지의 커리어만으로는 부족합니다. 그렇다고 취미 외에 여러 가지 커리어를 가지는 것도 힘듭니다. 조직생활을 통해 보다 전문성을 키우고 커리어를 독립하는 것이 100세 시대를 살아가는 평범한 우리들이 현명하게 세상사는 방법입니다.

조직생활의 밖은 지옥이 아닙니다.

단, 준비한 사람에게만 그렇습니다.

명품커리어를 만들어 주는 여자

김경옥

• 차 례 •

ROAD MAP 2

슬기로운 직장생활

ROAD MAP 3

헤드헌터가 알려주는 이직의 기술

ROAD MAP 4

전문가로서의 독립을 위한 커리어독립플랜

나의 커리어를 빛나게 하는 4가지 로드맵

ROAD MAP
1

취업의 기술
스토리텔링

01

취업의 기본 3종 세트

당신은 소위 SKY라 불리는 명문대 졸업생인가?

당신은 외국어를 현지인과 유사한 정도로 구사할 수 있는 이중 언어 구사자인가?

당신은 최소 회계사 이상의 자격을 가지고 있는 전문인인가?

물론 이보다 훨씬 더 많은 취업의 요건이 있음을 잘 안다. 3종 세트가 아니라, 5종 세트, 10종 다발 세트여도 모자랄 것이다. 하지만 아마 슬프게도 당신과 나를 비롯한 많은 사람들이 이 3가지를 하나도 제대로 갖추고 있지 않은 경우가 대부분일 것이다. (물론이 모든 요건을 다 갖춘 우월한 유전자들에 대하여는 논외로 하자.)

회사는 소꿉놀이 하는 곳이 아니다. 잘되면 좋은 것이고, 잘 안 되면 다시 해도 되는 그런 곳이 아니다. 회사는 반드시 이익을 내야만 하며, 그 이익으로 직원들의 생계를 책임지는 곳이다. 한마디로 자격이 안 되는 사람을 그냥 뽑아서 쓸 수 있는 한가한 곳이 아니라는 소리다.

그렇다면 이러한 취업 3종 세트를 갖추지 못한 우리는 앞으로 취업하기 위해서 어떻게 해야 하는가? 취업할 수 있는 방법이 없을까? 그렇지는 않다. 취업 3종 세트를 갖추지 못한 사람들이 취업하기 위한 방법에는 크게 두 가지가 있다.

하나, 취업 3종 세트를 갖춘다. 아니 그 중에서 가장 쉬워 보이는 하나라도 갖춘다. (하지만 이 3개 중에 어느 하나도 완벽하게 갖추기는 어렵다. 또 노력한 만큼 결과가 나오지 않을 수도 있으며, 그로 인해 취업 3종 세트 중 하나도 완벽하게 갖추지 못한 채 취업시장에 나가야 하는 경우가 생긴다.) 아니 우리들 중 대다수가 이런 경우이다.

둘, 취업 3종 세트를 갖추지는 못했지만, 그에 가까이 갈 수 있는 어느 정도의 레벨은 유지하고, 자신만의 특별한 이야기를 만든다. 그래서 이것으로 자신을 어필한다. 나만의 스토리를 만드는 것이다.

물론 무턱대고 이야기만을 준비하는 것은 옳지 않다. 이야기는 어느 정도의 스펙 위에서 성립하는 것이라는 사실은 그 무엇보다 중요하다. 어느 정도의 스펙을 갖춘 사람이 이야기를 구사할 때 그 이야기의 신빙성과 신뢰성이 보장된다. 그 어느 것도 갖추지 않은 자의 이야기는 아무도 들어주지 않는 허공 속의 외침일 뿐이다.

이 두 가지 방법 또한 만만치 않은 일이다. 하지만, 회사에 입사한다는 것과 학교에 입학하는 것은 본질적으로 다르다는 것을 명심해야 한다.

학교는 본질적으로 내가 돈을 내고 다니는 곳이고, 회사는 내가 돈을 받으러 다니는 곳이다. 우리가 돈을 내고 다니는 학교에 입학하기 위해서도 논술, 대입시험, 면접 등 많은 것들을 준비한다는 사실을 떠올리면, 돈을 받으러 다니는 회사에 입사하기 위해서는 훨씬 더 많은 준비가 필요함이 당연하다고 할 것이다.

그러므로 회사가 왜 나에게 돈을 주어야 하는가? 에 대한 진지한 고민이 있는 사람만이 원하는 회사에 취직하는 것이 가능하다. 이것은 비단 신입사원 때뿐만이 아니다. 지금 열심히 회사에 다니고 있는 사람, 계속 다닐 사람이 온전하게 자신의 직장을 유지하기 위해서도 필요하고, 지금의 회사를 그만두고 새로운 회사를 찾아 이직의 세계에 뛰어들 사람에게도 반드시 선행되어야 하는 질문이다.

회사는 왜 나에게 돈을 주어야 하는가?

나는 어떻게 회사가 내게 돈을 주게 만들 것인가?

우리의 경험상 돈을 주고 다니겠다고 하는 학교에 입학하는 것도 충분히 어려웠다. 하물며 내가 돈을 받으러 다녀야 하는 회사에 입사하는 것은 그것보다 훨씬 더 어려운 것이 자명하다.

취업 3종 세트를 모두 다 갖춘 사람들도 그들만의 아픔과 고뇌가 있을 수 있다. 그들 또한 나름의 눈높이에 맞춘 기업에 취직하는 것이 힘들 수도 있고, 또 세상은 취업했다고 모든 것이 다 끝나는 것이 아니기 때문이다.

취업 3종 세트를 갖추어 취업에 성공한 사람이라도 그 이후에 건너야 할 수많은 물줄기가 존재하며, 제대로 건널 수 있는 체력을 만들어 놓지 않으면 그 물줄기에 휩쓸려가 버릴 수 있다. 위로 올라갈수록 정상은 그 면적이 좁기 때문이다. 정상에 많은 사람들이 한꺼번에 서 있을 수는 없다. (다만, 취업 3종 세트를 다 갖추고도 취업에 성공하지 못한 사람들은 자신을 냉정하게 다시 되돌아보는 시간을 가져야 할 것이다.)

내 커리어의 시작을 위해 일단은 취업을 하는 것이 좋다. 물론 아이디어와 용기가 있다면 조직생활의 경험을 건너뛰고 바로 창업을 시도할 수 있겠지만, 그래도 할 수 있다면 어디에서든 조직생활의 경험을 가져보기를 권한다. 유명한 재벌가의 자녀도 많이들 다른 회사에서 경영수업들을 시키곤 하지 않던가?

리더가 되기 전에, 리더가 될 수 있는 자질을 기르고 연습할 수 있는 곳이 직장이다. 그리고 향후 사회에서 인정받을 수 있는 것은 우리가 직장에서 해왔던 일들이다. 조직은 커리어독립을 위한 좋은 학교이고, 직장생활을 통해 전문성을 기르는 것은 커리어독립을 위한 밑바탕이 된다.

TIP

포스트 코로나 시대의 구직자의 자세

취업 시장이 좋지 않을 때 취업을 준비해야 하는 경우, 매우 막막할 수 있다. 나의 노력만으로 해결할 수 있는 것은 나의 상황뿐이지, 대외적인 상황까지 나의 노력으로 제어할 수 있는 것은 아니기 때문이다.

2020년 전 세계는 코로나19 바이러스로 인해 몸살을 앓고 있다. 대규모 채용은 연기되거나 취소되었고, 진행되는 채용 건은 비대면 면접 방식으로 치러지거나, 각 회사들의 재택근무로 인해 면접 일정이 여의치 않은 경우가 많다.
현재의 코로나19 바이러스가 올해 초 처음 '우한폐렴'이라는 이름으로 등장했을 때만 해도 조만간 다시 일상으로 돌아갈 수 있을 것이라고 생각했지 않았을까? 그러나 벌써 수개월이 지난 지금까지도 코로나19는 우리 곁을 떠나지 않고 있고, 이제는 코로나19와 함께 하는 일상이 익숙해지고 있다.

지금의 우리는 "위기는 기회"라는 오래된 문장을 부여잡고 장기간의 일상화된 위험 앞에서 어떤 자세를 취해야 하는지, 기존과는 다른 전략을 세우는 일이 필요하다. 코로나19라는 달갑지 않은 친구를 맞이해서 대면 접촉을 되도록이면 피하고, 온라인으로 접촉하는 것을 선호한다. 그리고 위생과 청결에 더욱 신경 쓰고, 건강에 대한 관심이 증폭되었다.
새로운 생활은 우리에게 무엇이 중요한가에 대한 개념 변화를 하게 하고, 우리의 관심 변화는 전반적인 소비의 변화를 이끌고 있다. 위기상황에서의 불안감으로 소비가 감소되는 추세이지만, 이 속에서 절망하지 않고, 소비의 감소에 앞서 소비의 방향이 변하고 있음을 감지하고 그것이 거스를 수 없을 대세가 될 것임에 대비해야 한다.

언젠가 올해 말이 되었든 내년이든 내후년이든 코로나19의 종식 또는 현저한 감소가 이루어진다면, 우리는 지금의 세상이 아닌 변화된 세상에서 살게 될지 모르므로 코로나19 시대를 사는 우리가 대비해야 할 것은 무엇보다도 점차적으로 변화하는 세상이겠다.

어떠한 사건의 등장으로 인해 변화된 일상이 장기화되면, 위험 요소가 없어진 후에도 기존의 생활습관을 유지할 확률이 높을 것이다. 특히나 코로나19로 인해 변화한 생활습관이란 것이, 이전부터 이루어지던 변화가 가속화된 것에 불과하다면 더욱더 변화된 생활습관으로 미래를 살게 될 것이다. 코로나19 시대를 살면서 우리가 준비해야 할 것은 바로 이런 대세를 예측하고, 대비하는 것이다.

장기간의 위험은 채용, 고용 시장에도 그림자를 드리우고 있고, 우리는 몸을 움츠린 채로 미래를 준비하고 있다. 코로나19가 갑자기 하루아침에 사라지는 등의 환경의 급격한 변화는 없겠지만 대신 코로나19와 친구로 지내면서 우리 스스로가 서서히 변화되어 가고 있음을 주시해야 한다.
코로나19 시대의 구직자는 지금의 시간들을 칼을 가는 기회로 삼아야 한다. 그리고 지금의 시간들을 변화한 세상에 적응할 수 있는 기회로 삼아야 한다. 시간이 지날수록 우리가 사는 이 세상은 변화할 것이고, 지금 코로나19는 그 변화의 방향을 안내하고 있다. 이 시기에도 분명 성장하는 업종이 있다는 사실을 인지하고, 흐름을 만드는 트렌드를 읽고 그 트렌드에 맞추어서 준비하는 사람은 분명 기회를 잡을 수 있다.
굴곡이 심한 때도 파도에 올라타야 한다. 영화 〈타짜〉에서 '고니'가 "제가 인생에 파도가 좀 많아요."라고 했던 대사처럼, 우리네 인생, 파도가 없는 인생이 어디에 있었을까? 파도를 즐기는 법을 익히고, 훌륭한 서퍼로 깊은 파도에서도 일어나야 한다.
그리고 기억할 것은 취업난은 늘 있었다는 것이다. 코로나19라는 친구와 함께 하는 이 시기가 평범한 것은 아니지만, 지난 1997년 IMF 구제금융 시절 이래로 취업이 쉬웠던 적은 한 번도 없었다. 취업난은 늘 어려워지고 있다. 지금 한 시간이라도 빠르게 취업하는 것이 더 심해진 취업난을 맞닥뜨리는 것을 방지하는 길이 된다.

코로나19가 가져올 취업시장, 산업시장의 트렌드에 눈과 귀를 열고 있다가, 취업의 기회가 왔을 때는 망설이지 말고 기회를 잡자. 그것이 더 이상의 취업난에 시달리지 않고, 지금을 사는 방법이 될 것이다.
그리고 지금 어쩔 수 없는 상황에 맞닥뜨린 취업 준비생들에게 해 주고 싶은 가장 중요한 이야기는, 이 시기도 언젠가는 끝난다는 것이다. 코로나19도 언젠가는 끝나는 일이며, 그러면 사람들은 보상적 소비심리로 인해 폭발적인 경제 활동을 개시할 가능성이 있다. 그렇다면 기업은 당연히 생산을 늘릴 수밖에 없고, 채용도 늘어난다. 비온 뒤 땅이 굳는 것처럼, 상황은 나빠지기만 하지 않는다. 언젠가는 다가올 소비가 활발해질 시대를 기대하면서, 일단은 내가 할 수 있는 나를 수련하는 일에 최선을 다하기를 바란다.

내가 어찌할 수 없는 상황에 대하여는 늘 주시하면서 동시에 그 이후를 대비하여 나를 수련하는 일을 멈추지 않는 것. 이것이 지금의 상황에서 우리가 할 수 있는 전부일 것이다.

"진로 특강을 나가 학생들을 만나면 취업에 성공하기 위해서는 개인의 역량을 키우는 것이 중요하다고 말합니다. 역량이란 지식, 기술, 태도 이 세 가지의 합이지요. 지식은 학교에서 배우고 기술은 일을 하며 익히지만, 정작 가장 중요한 태도는 어디에서도 가르쳐주지 않지요. 태도는 몸에 밴 습관이 밖으로 저절로 드러나는 것입니다. 좋은 습관을 만들면 인생을 사는 태도가 바뀌고, 태도가 달라지면 인생도 변합니다. 인생을 바꾸는 것은 결국, 나의 습관입니다."

_김민식, 〈영어책 한 권 외워봤니?〉 중에서

취업의 기본기가 부족할 때
_나만의 스토리 만들기

스스로 자신의 삶에 전설이 되어라!

당신이 취업 3종 세트를 완벽하게 갖추지 못했다고 하더라도, 취업할 수 있는 길이 전혀 없는 것은 아니다. 학벌이 좋지 않아도, 영어나 기타 외국어를 현지인 수준으로 구사하지 않아도, 고급자격증을 갖고 있지 않아도 취업할 수 있는 방법은 있다. 꿈을 잃지 않고 있으면 언젠가는 어떤 방식으로든 방법이 보인다.

2010년作, 김대우 감독, 고 김주혁 배우의 영화 〈방자전〉에서 이몽룡은 과거에 급제하고 성공하려면 실력도 실력이지만, 자신만의 이야기, 즉 민담(民譚)이 필요하다는 이야기를 듣게 된다. 이 이야기를 듣고 이몽룡은 춘향에게 자신과 민담을 만들 것을 제안한다.

이 영화를 보고 머리를 스치고 지나가는 것이 있었다. 그렇다. 민담. 민담이 필요하다. 이것은 비단 예전에만 그러했고 현재에는 소용이 없는 것이 아니다. 지금도 사람들은 특별하고 독특한 이야기에 흥분한다. 홍준표 국회의원은 자신의 상사를 구속 기소하는 일명 '모래시계 사건'으로 인해 정계에 입문하였고, 한명숙 전 국무총리는 결혼 후 6개월 만에 남편이 구속되어 13년이라는 세월 동안 옥바라지하였다.

세상이 조용해지면, 전쟁이 일어나거나 어떤 이야기가 만들어진다.

조용한 시대에는 사람들이 심심해하고, 바로 이런 때에 이야기가 필요하다. 취업할 때도 마찬가지이다.

어느 정도의 수준은 유지하고 있으나, 특별히 내세울 무언가가 없는 사람들은 자신의 삶의 여정을 흥분할 만한 이야기로 만들어서 사람들의 관심을 얻을 수 있다. 성공했던 경험도 좋고, 실패했던 경험도 좋다. 이를 딛고 일어서는 경험이라면 더욱더 좋다.

사람들은 극적인 이야기를 좋아한다. 자신이 실패했다면, 밑바닥에서부터 여기까지 올라오기까지 어떠했는지, 자신만의 이야기를 만들면 된다. 사람들은 이야기를 듣고 싶어 한다. 심심한 사람들을 재미있게 만들어 주면 된다.

삶의 이야기가 많아지려면, 자신의 삶을 보다 열정적으로 살아야 한다. 공부를 해도 뜨겁게, 다시는 이렇게 못해 볼 만큼 뜨겁게 해야 하고, 노래를 부르든 악기를 배우든 어떤 취미생활을 해도 열심히 하다 보면 아무나 가질 수 없는 자신만의 에피소드가 생겨난다. 연애도 마찬가지이다. 뜨겁고 진실 되게 누군가를 좋아하는 이야기도 자신만의 스토리가 될 수 있다.

영화 〈방자전〉에서 이몽룡이 추구하던 민담도 '진한 연애 이야기'가 아니던가?

영화처럼 살면 된다. 그저 살아지는 대로 사는 것 말고, 조금 더 적극적으로, 조금 더 열정적으로 세상을 살아나가게 되면 그 삶은 사람들이 관심을 가질만한 이야기로 쌓이게 된다.

스펙으로 극복할 수 없는 부분이 있다면, 열정적으로 살아온 자신의 영화 같은 삶으로 극복하면 된다. 열심히 사는 사람은 비록 그 목표했던 것을 이루지 못하게 될지라도 언제든 그 보상을 받을 수 있다.

TIP

HOW TO STORY

이야기를 만드는 방법은 신입지원과 경력지원에 다소 차이가 있을 수 있다. 신입지원의 경우 세상에 존재하는, 겪을 수 있는 모든 이야기가 가능하지만, 경력지원의 경우에는 업무와 관련된 이야기로 한정해야 한다.
왜냐하면 신입은 가능성을 보고 뽑는 자리이지만, 경력은 철저하게 직무적합성이 가장 우선시 되는 채용이기 때문이다. 아직 직무이력이 없는 신입의 경우, 자신이 경험했던 봉사 이야기도 좋고, 학창시절에 성과를 내었던 이야기도 자신의 가능성을 보여주기에 적합할 수 있다.
나의 경우, 신입 채용을 준비하기 위해서 학창시절 동안 경험했던 자원봉사, 특별활동 등을 깨알같이 기재한 명함을 만들었고, 지인들에게 부탁해서 짧은 두세 줄의 추천글을 받아 면접 때마다 지참하였다. 그리고 삼성그룹 공채를 비롯한 몇 군데의 기업에서 합격 통보를 받았다.
하지만 경력직의 경우, 자신의 이야기를 업무 외의 것으로 구성하는 순간 자칫 전문성이 떨어져 보일 수 있으니 유의해야 한다. 명심해야 할 것은 '자신의 전문성을 회사에 파는 것'의 접근으로 나아가야 한다는 사실이다. 그러므로 직무를 중심으로 이야기를 구성해야 한다.

02

첫 단추부터 신중하게, 회사 선택하기

간판에서 자유로워질 수 있는 사람은 없다

만약 운이 좋게도 당신이 몇 개의 회사에 중복 합격하였다면, 이제 회사를 선택할 차례이다. 처음 입사하는 회사를 선택함에 있어서 가장 중요한 것은 무엇일까?

합격한 회사마다 근무지도 다를 수 있고, 회사가 속해 있는 업종이 다를 수도 있다. 또한 해당 회사에서 맡게 되는 부서가 다를 수 있고, 회사 규모나 연봉 등의 차이가 있을 수도 있다.

대학을 졸업하고 처음 입사하게 된 회사는 앞으로 자신의 인생 방향을 결정할 정도로 강력한 영향력을 지닌다. 처음 입사한 회사에서 꾸준히 근무하지는 않는다고 하더라도, 이직에 의해 다음 회사로 옮겨가는 것은 자신의 첫 회사에 의해서 결정된다.

당연히 자신이 일하고 싶은 업종이나 자신이 원하는 연봉 수준을 제시하는 곳으로 첫 직장을 정해야 할 것이다. 하지만, 일단 자신이 지원했던 회사이니 일하기에 아주 마음에 안 드는 곳은 아닐 것이다. 합격한 몇 개의 회사 중 그다지 마음에 들지 않는 곳이 없거나, 딱히 마음에 드는 곳도 없다면 이제는 몇 가지의 선택사항을 놓고 하나씩 따져봐야 한다.

첫째, 첫 직장으로는 업계 1위의 회사에 가는 것이 좋다.

업계 2위나 3위의 회사는 업계 1위 회사를 바라보면서 전략을 짜게 되지만, 1위 회사에서는 이미 국내 회사는 안중에 없다. 그들은 선진국의 선진업체들을 바탕으로 회사의 전략을 수립한다. 글로벌한 시각을 키울 수 있다. 하지만 현실적으로 이보다 중요한 것은 첫 직장에서 다음 직장으로 옮길 때 업계 1위 회사에서 일했다는 프리미엄을 가질 수 있다는 것이다.

사실 직장에서 일하는 동안 고급자격증 취득 등의 특별한 변화 없이 꾸준히 회사에서 일하였다면, 이직 시에 고려되는 것은 전에 근무하던 회사 외에는 없다. 전 직장보다 더 나은 곳으로 이직하기 위해서는 눈에 띄는 성과가 있지 않고서는 힘들다. 이직 시에 전 직장은 아주 강력한 요소로 작용하므로, 업계 1위에서 근무한 경험은 아주 큰 자산이 된다.

둘째, 1위의 회사가 아니라면 자신이 가지고 있는 선택지 중에서 보다 이름이 알려진 회사를 자신의 첫 직장으로 선택하는 것이 좋다.

간판에서 자유로워질 수 있는 사람은 아무도 없다. 개인적인 선호도의 차이가 있기는 하겠지만, 사실 연봉이나 기타 다른 복리후생 같은 것들보다는 회사의 이름이 훨씬 중요하다. 설사 내가 합격한 다른 회사에 비해서 더 적은 금액의 연봉을 제시하더라도 이를 선택기준으로 하여 덜 알려진 회사를 선택하기보다는 연봉이 적더라도 사람들에게 이름이 알려진 회사를 선택하는 것이 좋다. 사람들은 본래 보이는 것에 약할 수밖에 없다.

보이는 것이 중요하다는 말은 그저 다른 사람들 앞에서 자랑하기 위해서 뿐만은 아니다. 다음에 이직을 고려하게 될 때도 잘 알려진 회사에서 일했던 경험은 아주 가치 있게 작용한다. 또한 현실적으로 사람들이 알아주는 회사에 근무하는 보람과 성취감도 무시할 수는 없다.

돈이 중요하지 않은 것은 아니지만, 처음 사회생활을 시작하는 사람에게 돈보다는 회사의 간판이 훨씬 더 큰 힘이 된다. 소위 말하는 스펙을 쌓아나가고, 자신을 나타낼 수 있는 간판을 만들어 나가는 시기가 되어야 한다.

그래야만 나중에 사회생활 경력이 10년 정도 쌓여서 사회에서 가장 일을 많이 하는 시기가 되었을 때, 취업시장에서 비싼 몸값에 팔릴 수 있다. 이때가 되면 회사를 선택할 때 간판보다는 연봉을 많이 주는 곳을 기준으로 해도 무방할 것이다.

하지만, 사회생활을 시작하는 시점에 비싼 몸값을 받기 위해서는 연봉보다는 자신을 나타내는 간판을 만드는 것을 우선하여 회사를 선택하는 것이 무엇보다 중요하다는 것이다.

사회생활 초반에 가장 중요한 것은 앞으로 자신을 시장에서 잘 팔리는 인재로 만드는 것이라는 사실을 명심해야 한다. 그러기 위해서 지금 나에게 주어진 선택지 중에서 어느 회사에 입사해야 가장 좋을지를 고려하여 선택하면 된다.

단순히 연봉이 높아서, 이 직종이 좋아서보다는 자신을 나타내는 간판을 더 나은 것으로 할 수 있는 곳에 입사하기를 권한다. 직종이 자신의 마음에 들더라도 그 회사의 업계에서의 위치가 별 볼 일 없다면, 차라리 두 번째로 원하는 직종이라도 업계 1위의 회사로 가는 것이 앞으로의 자신의 커리어를 만들어 가는 데에 더 유리하게 작용할 것이다. (물론 이때도 내가 이렇게 선택한 업종과 직종을 계속하여 사랑하고 지속할 수 있는가에 대한 고민은 선행되어야 한다.)

그리고 자신에게 이런 선택지가 주어지지 않았다면, 자신이 가지고 있는 선택지 중에서 어느 회사가 자신에게 가장 유리한 간판이 될 수 있는지 고려해서 선택하는 것이 좋다. 최대한 자신이 가질 수 있는 것 중에서 좋은 것을 선택해야 한다는 것이다. 돈이나 근무지 등 다른 요인들이 그 회사의 명성을 뛰어 넘을 수는 없다.

TIP

BIG PICTURE

무엇을 선택하든지 큰 그림(big picture)을 그려보는 것은 무엇보다 중요하다. 처음 직장생활을 시작할 때부터 커리어독립을 염두에 두는 것이 가장 바람직하다는 것이다. 나는 이곳에서 어떤 전문성을 갈고 닦아 더 나은 인재로 발돋움할 수 있을 것인가를 늘 생각해야 한다.

내 일이 다른 길로 통하는 문을 열어줄 수 있을 것인가? 언뜻 들으면 모순된 이야기 같지만 당신의 일이 다른 일로 이어질 잠재력을 가지고 있다면 그것은 당신에게 맞는 일자리이다. 왜냐하면 정의상 커리어라고 하는 것은 끝이 없기 때문이다. 커리어는 다른 기회로 이어지는 여러 가지 기회의 집합체이다.

_수지 웰치, 〈10-10-10 인생이 달라지는 선택의 법칙〉 중에서

P.S

그럼에도
취업이 힘든 당신에게

일자리 없음. 취직이 제일 어려운 세상

기업의 입장에서는 침체된 시장에서 매출을 늘리는 것이 더 이상 용이하지 않을 때, 비용 절감의 방법으로 인건비 절감을 생각한다. 이럴 때 이미 조직 내에 들어와 있는 사람들을 내보내는 것보다는 새로 사람을 받지 않는 것이 훨씬 편하다.

거기다 수익이 나지 않으면 새로 들어오는 사람들의 연봉을 가장 먼저 삭감한다. 이전에 많은 금액을 받다가 받는 금액이 줄어드는 사람들은 반발이 심하지만, 새로 들어오는 사람들은 어차피 이전에 월급이라는 것을 받아 본 적도 없고, 얼마를 주든지 일자리를 준다는 것만으로도 감지덕지할 것이기 때문이다.

경제가 어려워지면 기업들은 위험을 감수하는 것을 자제하려는 경향을 보인다. 새롭게 사람을 들이더라도, 신입을 뽑아서 교육시킨 후 업무에 투입하는 비용을 감당하기보다는 이미 업무가 익숙해서 바로 실전 업무에 투입할 수 있는 경력직을 선호한다.

만약 채용시장에서 보다 유리한 위치에 있는 대기업이 이런 방식으로 인재를 채용하면, 신입사원을 훈련시키는 사회적 비용은 중소기업으로 전가될 수밖에 없는데, 여기서 또 한 가지 문제는 열심히 공부해서 대학을 졸업한 이들의 눈높이가 그리 쉽게 낮아지지 않다는 데에 있다.

그때 그 시절 이야기?

이젠 너무 오래된 이야기이지만 외환위기 전에는 웬만한 대학 졸업장만 가지고 있으면 취직할 곳이 정해져 있었다. 공공연히 나눠지는 학교 순위에 따라, 어느 학교 어느 학과를 나왔느냐에 따라 졸업 후에 입사할 수 있는 기업이 정해지기도 했다. 어찌 되었든 그 당시 정상적으로 대학을 졸업한 학생들은 큰 문제가 없는 이상 취직할 수 있었다.

하지만 IMF 시기가 지나고 2008년 경제 위기 등을 경험하면서 경제 상황은 그때 그 시절과는 비교하기 어려울 정도가 되었고, 내수가 약하고 수출이 많은 부분을 차지하던 우리나라는 더욱 많은 타격을 입었다. 이런 상황에서 고용이 좋아질 리 없다. 지금의 고용시장은 외환위기 전과는 확연하게 다르다. 학생들은 졸업하고 놀지 않기 위해, 적당하고 괜찮은 일자리를 찾기 위해서 소위 말하는 스펙을 갖추어 놓아야 한다.

하지만 취업을 위한 공부를 하면서 그 모든 스펙을 갖추기 위해 온갖 노력을 다하고 그것을 획득했을지라도 일자리의 절대적인 숫자가 늘지 않는 이상 결국은 그 중에서 탈락하는 사람이 발생하기 마련이다. 마치 원래부터 적었던 의자 개수 때문에 못 앉는 사람은 반드시 생겨나는 것처럼, 미처 깨닫지 못했을 뿐 사실 이건 원래부터 그렇게 되어 있는 게임이었던 것이다.

시장에서 수용할 수 있는 인원에 한계가 있다면 어쩔 수 없이 누군가는 그 속에 들어가지 못하게 된다. 그리고 그 사람이 내가 될 수도 있다. 누구나 알지만, 대학을 다니던 사람이 지금처럼 많지 않았고, 대학을 졸업하면 어느 곳이라도 취직이 보장되었던 그때 그 시절과 지금과는 상황이 너무 다르다.

세상은 원래 내 맘대로 되지 않는 것

원래 사회가 그렇다면, 지금 상황이 그렇다면, 내가 취해야 할 방향은 단 하나, 내 상황을 바르게 파악하는 것이다. 남이 어떤지 파악하고 나를 정확히 이해하는 일. 지금 현실을 정확히 파악하고, 그 안에서 내 위치를 냉정하게 평가해 봐야 한다.

나는 다른 사람보다 무엇을 더 잘할 수 있는가? 회사는 왜 나를 뽑아야 하는가? 예전처럼 대학만 나오면 취직이 되는 사회였으면 좋겠다. 하지만 이미 현실은 그렇지 않은 것을 안다. 내 힘으로 바꿀 수 없다면 적응하는 수밖에 없다.

이미 대학 졸업자들은 쌓이고 쌓였고, 우리보다 똑똑한 사람들도 아주 많다. 나도 열심히 살았는데, 내게 이렇게 대하는 세상이 야속하기도 하고 때론 억울할 수도 있다.

하지만 어떻게 세상을 내가 원하는 대로만 살겠는가? 미친 듯이 원하고, 죽을 듯이 갖고 싶고, 격하게 세상을 살아도 결국은 손에 잡히지 않는 것들이 있다.

그래, 세상은 원래 그런 것이다. 내가 원한다고 원하는 대로 그렇게 굴러가 주지 않는 것이다. 다만 이 모든 상황을 조율해 보면서, 그 어떤 위기에도 최악의 상황까지는 가지 않도록 하는 것. 이것이 최선이다.

현실에 대처하는 우리의 자세

나는 당신이 조금 더 위험을 받아들이고 세상을 역동적으로 살아내기를 바란다. 이것은 청년실업시대 취직자리를 구하는 당신에게도 하고 싶은 말이고, 이미 취직해서 회사에 몸 담고 일하고 있는 당신에게도 하고 싶은 말이다.

상황을 파악했으면, 그다음에 할 일은 위험을 감수하는 일이다. 위험을 감수하는 일은 어떤 상황에 대한 열정이 없으면 불가능하다. 될 대로 되라는 식으로 상황을 버려두면 바뀌는 것도 얻을 수 있는 것도 없다. 때로는 불리한 것도 감수할 수 있어야 하고, 때로는 눈을 낮춰서 생각했던 것보다 낮은 곳에서 시작할 수도 있어야 한다. 가끔은 취직이 안 돼서 백수가 되는 것이 아니라, 본인의 의지에 의해서 더 새롭고 창조적이고 발전적인 일을 도모하고자 스스로 백수가 될 수도 있어야 한다. 이것이 청년실업시대에 살아남아 세상을 긍정적으로 살아갈 수 있는 방법이다.

하지만 열정적인 사람은 때로 위험한 상황에 빠지기도 하고, 오히려 그 열정에 본인이 놀라서 새까맣게 타버리기도 한다. 그런데 우리, 무언가에 놀라서, 그 감동에 젖어서 한 번쯤 새까맣게 타버린 적이 없다면 얼마를 산다고 한들 감히 인생을 삶을 논할 수 있을까? 한 번도 자신의 야성적인 본능을 일깨워 본 적이 없는 사람이 본인의 일생에서 발견할 수 있는 것은 무엇일까?

수그러져 있을 필요는 없다. 그냥 원래 그러려니 하고 일어나면 된다. 세상이 내 비위를 맞춰 줄만큼 내가 그렇게 엄청난 사람이 아니니까 이건 당연한 것이다. 당신이 만약 (세상에 내 비위를 맞춰줘야 할 만큼) 그 정도의 힘을 가지고 있는 사람이라면, 사람들이 다 내게 아부하느라 바쁠 것이므로 오히려 주변에서 당신을 진심으로 대할 수 있는 사람을 찾느라 골머리를 앓아야 할지도 모른다.

인생사 가장 중요한 문제가 사람문제 아니던가? 그러니 차라리 잘 됐다. 오히려 우리는 세상이 내 맘대로 되지 않는 것에 감사하며 더 힘차게 내 삶을 꾸려 가면 된다.

열역학 제2법칙-엔트로피는 증가한다

알 수 없는 인생은 오히려 희망적이다. 누군들 안정을 희구하지 않겠는가? 하지만 이는 헛된 꿈이고, 희망일 뿐. 실제 자연적이고 실제적인 모든 현상은 그렇지 않다. 우리네 인생은 불확실로 점철된 인생, 한 치 앞도 모르는 인생이다. 확실한 것은 그 무엇도 없다.

열역학 제1법칙에 따르면 고립된 계 내에 존재하는 에너지는 일정하다고 하였으나, 열역학 제2법칙에서 에너지의 흐름은 항상 엔트로피(무질서도)가 증가하는 방향으로 이루어진다고 했다. 세상은 항상 무질서한 방향으로 흐른다. 프랑스의 정신분석학자인 라캉이 말했던 것처럼 인간은 항상 가지지 못하는 것을 욕망하는 존재이니 매번 질서 있고 안정된 세상을 꿈꾸지만, 자연의 본질은 항상 엔트로피(무질서도)를 증가시키는 방향으로 흐른다. 우리는 항상 꿈 또는 희망, 이상에 대응하는 이것과 정반대의 불안정한 현실과 싸워야 한다.

멀쩡히 대학도 나왔고, 나름 이름만 대면 남들이 아는 곳을 다녔고, 또 공부도 잘했다. 하지만 그렇다고 해서 당신의 미래가 그것에 저절로 맞춰지는 것은 아니다. 그것은 당신의 꿈 또는 희망, 이상에 불과한 것이다. 우리가 맞서야 하는 것은 이것과는 너무도 다른 현실, 엔트로피가 증가하는 세상인 것이다.

나는 그 어떤 상황에서도 살아남아야 한다

죽지 않는다면 살아야 할진대, 당신 어떻게 살아낼 텐가.

큰일이다. 우리, 얼른 지금이라도 마음 갖춰 먹고, 눈 크게 뜨고, 정신 똑바로 차려야겠다. 물론 가끔씩은 크게 뜨고 있는 눈이 시리면, 좋은 사람 옆에서 한 번씩은 눈 감고 쉬어 보기도 하고, 더 이상 뻑뻑해지지 않도록 눈물 한 방울 흘려보는 것도 나쁘지 않다.

나의 행복을 다른 이에게 기대는 순간 불행은 시작된다. 기업의 투자는 일자리를 늘리는 방향으로 지속되고, 일자리를 원하는 사람들의 숫자만큼 일자리가 있는 나라가 되었으면 참 좋겠다.

하지만 여기에만 기대고 내 인생을 이것에 맡기는 순간 그 인생의 주인은 삶이 힘들어지기 시작한다. 그 어떤 상황에서도 살아남아야 하는 사람은 본인 자신인 것이다. (그러므로 우리는 조직생활을 시작하면서부터 커리어독립을 준비해야 하는 것이다. 지금 당장 취업조차 힘들지만, 그럼에도 불구하고 조직생활에만 의지하는 순간 앞으로 남은 생도 힘들어질 수 있다.)

하지만 이 모든 상황이 마음에 들지 않고, 이미 힘든데 힘내는 것도 싫고, 그냥저냥 살고 싶은데 열정을 짜내야 하는 것도 귀찮다면, 청년실업이 심해져서 성장에 필요한 인적 자본이 약화되고, 또 이로 인해 국가의 성장잠재력이 약화되고 있다는데, 이 시점에서 조급한 마음을 버리고 한 번쯤은 한 템포 쉬면서, 조국의 발전과 세계의 평화를 위해 내가 할 수 있는 일이 무엇이 있는지 한번 생각해 보는 것도 좋겠다.

'남들과 다르다'는 이유만으로 꼭 필요한 사람이 되는 것은 아니다. 하지만 꼭 필요한 사람이 되는 유일한 방법은 남들과 달라지는 것이다. 남들과 다를 것이 없다면 무수한 사람들 중 한 명일 뿐이기 때문이다.

_세스 고딘, 〈린치핀: 당신은 꼭 필요한 사람인가?〉 중에서

나의 커리어를 빛나게 하는 4가지 로드맵

ROAD MAP
2

슬기로운
직장생활

03

첫 번째 부서 배치를 노려라

첫 번째 부서 배치에 사활을 걸어야 하는 이유

입사하고 나서 교육을 받으면 부서 배치가 이루어진다. 보통 입사 전에 어느 부서에서 일하게 될지 결정되는 경우도 있지만, 그렇지 않은 경우 입사 후에 정확하게 자신이 일할 부서를 결정하게 된다. 입사 전에 부서를 정하고 입사한 경우라 할지라도 아직 부서에 들어가서 일하기 전까지는 그 부서에서 일한다고 확정된 것은 아니다. 입사 후에 얼마든지 부서 배치는 바뀔 수 있다.

하지만 한번 정해진 부서를 변경하는 것은 입사하는 것보다 더 힘들다.

자신이 속한 부서가 없어지지 않는 이상 부서를 이동하는 것은 힘들다고 봐야 하며, 자신이 속한 부서가 이동하거나, 쪼개지거나, 합쳐지지 않는 이상, 근무지의 변경도 힘들다고 봐야 한다.

대졸 공채 신입사원으로 입사하게 되면, 입사 전후에 일정의 교육을 받게 된다. 회사의 인재상, 회사의 조직, 회사의 업에 대한 내용 등을 교육받게 되며, 이러한 교육이 끝나면 이제 부서 배치가 이루어진다. 사람들의 재능이 다르고, 전문분야가 다르고, 지역 연고도 다르지만, 신기하게도, 아니 어쩌면 당연하게도, 각기 다르게 입사한 신입사원들의 희망 부서는 거의 같다.

많은 이들은 자신의 연고와 무관하게 서울 또는 수도권의 근무를 원하는 경우가 많고, 자신의 전문 분야와 무관하게, 본사(중앙)의 부서를 원한다. 그래서 부서 배치를 담당하는 인사담당자들은 신입사원들에게 이렇게 이야기한다.

> "회사의 업은 현장에서부터 시작한다. 현장에서 배우지 않은 신입사원은 나중에도 어디 갈 수 있는 곳이 없게 된다. 회사에 대한 이해가 부족하기 때문이다."
>
> "지방에서 근무하다가 때가 되면 서울로 올라와서 근무할 수 있다. 많은 사람이 그렇게 하고 있다. 누구나 한 번쯤은 지방 근무를 해야 한다."

물론 이러한 말들이 틀린 것은 아니다.

하지만, 보통 사람들의 경우엔 한번 배치된 부서에서 다른 부서로 옮기는 것이 어렵고, 옮기고 싶어도 뜻대로 되지 않는 경우가 많다. 왜냐하면, 우리처럼 그렇게 부서 이동을 원하는 사람들이 이미 회사 내에 너무 많기 때문이다. 이들 중에서 특별히 업무에 재능이 있다던가, 다른 특출 난 재능이 없는 이상 눈에 띄기는 힘들다.

현장에서 근무하고, 지방에서 근무하는 것을 폄하하는 것이 아니다. 자신이 원하는 부서가 따로 있다면 처음부터 이를 적극적으로 어필하여 자신이 원하는 부서로 가야 한다는 것을 말하고 있는 것이다. 자신이 원하는 부서가 지방에 있고, 회사의 현장 부서에서 일하는 것이 자신의 희망이라면 그렇게 하면 된다. 이런 경우에는 조금 더 행복하게 회사생활을 할 수 있다. 내가 원하는 것을 보다 쉽게 얻을 수 있기 때문이다.

하지만 나는 지방 근무나 현장 근무를 하다가 이후에 중앙에서 근무하고자 하는 경우를 숱하게 보아 왔다. 그리고 이를 위해서 많은 노력을 하지만 퇴사를 결심하지 않는 이상 힘든 경우가 대부분이었던 것으로 기억한다.

또 하나 중요한 것은, 실제적으로 회사 내부에서 소위 "키워진다"고 하는 사람들은 회사 내 요직들만 두루 섭렵한다는 사실이다. 그들은 부서를 옮겨도 나중에 회사에서 성장하기 위해 꼭 필요한 부서 이외에는 가지 않는다. 그렇게 젊었을 때 많은 중요한 부서들을 모두 경험하고 나면, 그들은 자연스럽게 회사 내에서 없어서는 안 될 인재가 된다. 뒤이어 그들은 자연스럽게 회사의 임원이 되고 사장이 된다.

입사 후 첫 번째 부서 배치는 그렇기에 무엇보다 아주 중요하다. 자신의 첫 번째 회사에 의해서 다음 회사가 결정되듯이, 자신의 첫 번째 부서에 의해서 다음 부서가 결정된다. 옮길 수 있겠지 하면서 별 생각 없이 행한 부서 배치가 다음 자신의 커리어에 아주 큰 영향을 미치게 된다. 옮기는 것은 생각보다 쉽지 않다. 오히려 입사하는 것보다 더 힘든 것이 부서 이동이다.

자신이 원하는 부서로 배치 받는 것이 쉬운 일은 아니다. 능력이 출중한 사람은 본인이 그렇게 외치지 않아도, 회사에서 알아서 우리 부서에서 일해 달라고 불러줄 것이다. 그리고 자신이 살아온 배경이 특출한 사람도 알아서 우리 부서에 와 달라고 할 테니 따로 걱정할 필요가 없을 것이다.

하지만 그렇지 않은 보통 사람의 경우에 자신이 원하는 부서에서 일하기 위해 어떤 방법을 취할 수 있을까? 이미 입사하기 위해서 많은 노력을 해왔으며, 여기까지 온 것만으로도 우리는 많은 것을 이루어냈다. 원하는 회사에 입사한 것만으로도, 그 사실만으로도 충분히 칭찬받을 만하다. 하지만 이것은 막 입사한 신입사원의 생각일 뿐이다.

지금의 시각에서 조금만 벗어나면, 그리고 앞으로 조금만 더 시간이 흐르면 세상이 보는 것은 어느 회사에서 일하느냐 뿐만은 아니라는 것을 알게 된다. 중요한 것은 어느 회사에서 어떠한 일을 했느냐이다. 오히려 어떤 일을 했느냐가 어느 회사에서 일했느냐보다 훨씬 중요한 경우가 많다. 이렇게 되면 입사 확정이 끝이 아니라는 것을 알게 된다. 내 사회생활의 첫걸음 중에서 입사보다 더 중요한 것은 "어느 부서에서 근무하게 되느냐."였다.

하지만 보통의 신입사원들은 이미 이 회사에 입사했다는 사실에 대해 고무되어 있는 상태이기 때문에 어느 회사에 입사해야 하는가에 있어서의 결정보다 회사 내에서 부서 배치의 결정은 소홀히 하는 경향이 있다.

나는 처음에 삼성에 입사하고 재무경영팀에서 근무하면서 "아니 공대생이 어떻게 우리 부서에 왔지?"라는 소리를 무수히 많이 들었다. 다들 내 이력을 특이하게 생각했다. 그리고 우리 부서에 공대 출신이 많지 않았기에 더욱더 그러했다. 있더라도 다들 현장 경험을 쌓고 나중에 온 경우이기에 신입사원이 바로 배치 받았다는 사실에 매우 놀라워했다.

많은 사람들이 내가 현장 경험이 없다는 사실에 우려를 표했지만, 당시에 나는, 그렇게 말하는 사람들은, 그저 그들이 그렇게 했기 때문에 그렇게 생각하는 것일 뿐이라고 생각했다. 왜냐하면 신입사원 때부터 그 부서에 배치 받아 경력을 쌓아온 선배들도 다수였기 때문이다. 오히려 회사 내에서는 우스갯소리로 진골, 성골 등의 이야기도 돌아다녔다. (처음부터 그 부서에서 근무했는지, 아니면 타 부서에서 근무하다가 옮겨왔는지에 대해서 진골, 성골로 구분하는 것이다.) 아마도 이 말은 입사해서 첫 부서가 얼마나 중요한가를 나타내주는 단적인 표현 중의 하나일 것이다.

그리고 부서가 바뀌면 완전히 새로운 업무를 접해야 하고, 그렇기 때문에 기존의 사원도 그 부서에서는 신입사원이나 다름없다. 이렇게 생각하면 하루라도 더 일찍 자신이 원하는 부서에서 전문성을 쌓는 것이 중요하다. 그리고 지금 일하고 있는 회사가 아닌 다른 회사로 나가야 하는 경우에도 전문성을 갖추어 한 부서에서 경력을 지속하는 것이 자신의 커리어를 쌓아 나가는 데에 유리하게 작용한다.

☑ TIP

원하는 부서에
배치 받는 방법

나는 공과대학을 졸업했지만, 학부 때 개인적으로 회계사 공부를 했었다. 1차 시험을 보고, 2차 시험에서 두 번 낙방한 이후 이미 4학년이 된 나는 취업을 준비했다. 정말 운이 좋게도 취업이 되었고, 난 나름대로 만족스러웠다.

나는 엔지니어직군으로 입사한 것이었고, 사실 엔지니어로 일해도 많은 불만은 없었다. 그렇게 일할 각오로 회사에 들어왔다. 하지만, 난 막연하게나마 많은 노력을 부어서 공부했던 것을 그대로 사장시키기는 싫다는 생각을 품고 있었고, 입사해서 함께 교육받은 동기들에게 나를 소개하면서 항상 내가 학부 때 어떤 공부를 했었다는 사실을 이야기했다.

그리고 구체적이지는 않았지만 막연하게 경영 쪽 일을 해 보고 싶다는 생각도 있긴 했다. 많이 드러내지는 않았지만, 그렇다고 숨기지도 않았다. (동기 중에는 인사팀에 가고 싶다면서 적극적으로 인사팀과 연락을 취하고 개인적으로 만나는 동기도 있었다. 하지만 그런 신입사원이 많았기 때문인지 그는 결국 인사팀으로 배치 받지 못했다. 다른 한 명도 비슷한 경우를 보았는데, 그는 원하는 부서에 배치 받기 위해서 조장 등의 직책을 맡기도 했다. 하지만 그도 역시 그가 원하는 부서에 배치 받지 못했다.)

그러던 와중에 경영학과 출신들을 대상으로 관리팀에서 면접을 본다는 소식을 동기가 전해 주었다. 자신은 관리회계에 관심이 없으니 네가 지원해 보라면서 동기는 나에게 그 정보를 들려주었다.
그날은 관리 그룹장께서 원가의식 강의를 하는 날이었고, 동기는 바로 저 분이 사원을 뽑고 있다고 했다. 그래서 난 그 강의 때 앞자리에 앉았고, 강의 중간 쉬는 시간에 강단으로 가서 내 소개를 하고 그 부서에서 일하고 싶다고 했다. 그룹장은 약간 놀라면서 왜 다른 부서도 있는데 우리 부서로 오고 싶으냐고 물었다. 그래서 나는 내부 관리 그룹은 회사의 핵심이며, 이 부서에서 일하고 싶다고 말했다. 공대 출신이지만 학부 때 관련 분야의 공부도 했었고 다른 신입사원보다 더 잘 할 수 있을 것이라고 말씀드렸다. 그리고 앞으로 관련 업무지식도 계속 익혀나갈 것이라고 했다. 어떻게 내가 그런 말을 했는지 모르지만, 그땐 그냥 그룹장을 보면서 생각나는 대로 말씀 드렸다. 그렇게 인사 드리고 난 후 난 그룹장의 메일 주소를 알아내서 그룹장께 말씀 드렸던 내용을 메일로 다시 보냈다.

하지만 부서 배치 받는 날, 난 현장의 사업부로 발령이 났다. 그렇게 사령장을 받아들고, 다시 사업부로 가서 사업부 내 팀으로 배치 받기 위해 면접을 보았다. 그런데 사업부 내 부서 배치 면담을 하고 있던 중에, 사업부 인사담당자가 나를 따로 불렀다. 그리고는 "경옥 씨는 우리랑 같이 일 안 할 것 같네. 경옥 씨는 다른 부서에서 일할 것 같으니 나중에 업무상으로 만나게 되면 잘 봐 달라."고 하셨다. 그렇게 내가 일 할 첫 부서가 정해졌다.

물론 자신이 원하는 부서에서 일할 수 있는 방법에는 여러 가지가 있을 수 있다. 내가 취한 방법은 그 많은 방법 중에서 하나일 뿐이다. 그리고 굳이 자신이 원하는 부서를 찾지 않고, 그냥 주어진 부서에서 자신의 길을 찾는 것도 하나의 방법일 수 있다. 자신에게 맞는 방법을 찾으면 되고, 자신이 할 수 있는 방법을 찾으면 된다. 하고 싶다고 다 주어지는 것은 아니기에 항상 겸손하며, 자신에게 주어진 것을 잘 해나가다 보면 언젠가 기회가 올 수도 있다. 그러면 그때 그것을 잡으면 된다.
회계사 시험에 떨어진 이후로 좌절할 수도 있었고, 그냥 갈 수 있는 부서에 배치 받아 커리어를 시작할 수도 있었다. 하지만 난 내가 원하는 것을 찾아 적극적으로 행동했다. 그리고 그것이 내가 원하는 것을 찾기 위한 적극적인 행동이었다는 것을 나중에서야 깨달았고, 또 그 행동이 내게 많은 것을 가져다주었다는 것도 부서 배치를 받고 업무하면서야 알게 되었다. 어쩌다 보니 기회가 눈앞에 왔고, 손을 내밀었더니, 그것이 내 손을 잡아 주었다.

중요한 것은 항상 자신이 원하는 것을 기억하고 있어야 하고, 기회가 자신에게 왔을 때 그것을 알아볼 수 있는 눈을 길러야 한다는 것이다. 그리고 망설이는 순간 그 기회는 아무 일도 없었다는 듯이 사라질 것이다. 그리고 그렇게 기회가 사라진 다음에는 또 다른 기회가 올 것이다. 또 다른 기회가 왔을 때는 반드시 놓치지 말아야 한다. 보다 일찍 기회를 잡을수록 당신에게 더 많은 기회가 주어질 수 있다는 것을 명심해야 한다.

"아빠, 내가 정말 갈매기처럼 날 수 있을까?"
브루노가 물었어요.
"갈매기처럼 하늘을 날 수 있는 건 갈매기뿐이란다. 너는 너만의 방법으로 날게 될 거야, 브루노."
아빠의 말에 브루노는 고개를 끄덕였어요.

_아네테 블라이, 〈날아라 펭귄〉 중에서

04

나와 궁합이 맞는 일 찾기

회사에서 보면 "저 분은 이곳에 있을 분이 아닌데……"라는 생각을 들게 하는 사람이 있다. 그 이유는 그 자리에 비해 그 분의 능력이 뛰어나서이기도 하고, 그 반대이기도 해서다. 비단 그 자리에서 요구되는 능력의 차이가 아니라, 자신에게 어울리지 않는 일을 하고 있는 경우가 있는 것이다.

예를 들어 공부에 소질이 있는 사람은 공부를 해야 하고, 야구에 소질이 있는 사람은 야구를 해야 하는데, 공부에 소질이 있는 사람이 야구를 하고 있는 경우가 생각보다 꽤 많이 있다.

자신이 원해서 그런 자리에 앉아 있는 사람은 어쩔 수 없지만, 타인에 의해서 놓인 자리라면 언젠가는 제자리를 찾아 이동하는 것이 회사에도 득이 되고, 본인에게도 득이 되는 일일 것이다.

사실 컨설팅이나 연구직 등의 업무가 아니고서야, 학자로서 성장해 온 박사급 인력의 손길이 필요한 경우는 많지 않다. 여러 가지 결정을 하는 데 그동안 공부해왔던 것들이 알게 모르게 쓰일 것이지만, 오히려 학사 출신이지만 현장경험이 많은 사람들이 업무를 훨씬 더 효과적으로 수행하는 경우가 많다.

나는 박사급 인력들이 자신의 능력과는 상관없는 일들을 하고 있는 것을 몇 번 목격해 왔다. 박사학위를 받는 데 들어간 시간과 비용, 그리고 그분들의 학식을 생각하면 그 자리는 무언가 어울리지 않는다는 생각이 드는 것이다.

물론 어느 자리에 있는 사람이건 다 그 자리에 있는 사연이 있게 마련이고, 어느 누가 되었건 자신의 자리에 있는 것은 모두 그 이유가 있는 일일 것이다. 하지만 되도록이면 자신이 더 잘 할 수 있는 일, 자신에게 어울리는 일을 찾아가는 것이 그동안 열심히 살아왔던 것에 대한 보상이요, 그동안 써왔던 비용에 대한 정당한 회수가 되지 않을까?

만약 용기가 없어서, 지금 앉아 있는 자리에 그대로 머물러 있는 것이라면 하루 빨리 용기를 내어 자신의 수준에 적절한 자리를 찾아 간다면 그것은 본인에게도 훨씬 더 나은 미래를 보장해 주는 행위가 될 것이다. 용기를 잃고 지금의 자리에 만족하는 순간, 자신이 지금까지 공부하고 이뤄왔던 것들이, 더 많은 일을 할 수 있는 그 잠재력이, 그 자리에서 모두 사장되어 버릴지도 모른다.

단순히 지금 부서의 일이 자신의 적성에 맞고 안 맞고의 문제를 이야기하는 것이 아니다. 자신의 적성에 안 맞는 일을 계속 하게 되면 적성에 맞는 일을 찾아서 떠나든가, 아니면 지금 하고 있는 일에 적성을 맞추면 된다.

하지만, 자신의 능력을 더 많이, 훨씬 효과적으로 발휘할 수 있는 자리가 있는데도, 그렇지 않은 자리에서 앉아 있느라 자신의 능력을 십분 발휘할 기회를 갖지 못하는 것은 국가적인 손실이다. 너무 과한 자부심과 자신감은 오히려 열등감의 발현일 테지만, 오히려 자신을 과소평가하고, 자신이 소유하고 있는 것을 충분히 발휘하지 못한다면, 그것은 지금까지 그것을 소유하기 위한 시간과 비용의 낭비일 뿐이다.

떠날 때와 머무를 때를 판단하는 것은 늘 어렵다.

올바르게 끝맺을 능력이 없다면, 작은 일에도 허둥대고, 원하는 목표와 꿈에 도달하지 못하게 될까 늘 전전긍긍하고 불안해할 것이다. 하지만 그보다 더 좋지 않은 것은 아무런 끝맺음도 없이 모든 것을 껴안은 채 옴짝달싹 못하는 모습이다.

_헨리 클라우드, 〈끝맺음에 서툰 당신에게〉 중에서

TIP

좋아하는 일이 무엇인지 잘 모르겠어요. 라는 당신에게 "당신에게 열심히 일한다는 것은 어떤 것인가?"

사회생활 초반 시절 삼성SDS에서 근무할 때, 입사 후 처음으로 고과를 받는 시점이었는데 팀장은 나를 포함한 부서의 신입사원 3명을 모아놓고 이런 말씀을 하셨다.

> "내가 아는 어떤 사람은 입사 후 받았던 첫 고과에서 B를 받은 이후로 단 한번도 A를 놓친 적이 없는데, 시킨 것만 제 때 잘 해 와서는 A를 받을 수 없다. 시킨 것만 잘하는 정도라면 그것은 기껏해야 C를 받을 수 있을 뿐이다. 시킨 것을 지시한 시간 이전에 해 온다면 그때서야 비로소 B를 받을 수 있다. 그리고 시키지 않은 일도 찾아서 할 줄 안다면 그건 A이다."

그 이야기를 듣고 난 후, 나는 혹시 그 사람이 팀장 본인인지 물었지만, 대답하지 않으셨다.

1. 시키는 일 vs 시키지 않은 일

난 나름대로 회사에 다니면서 내가 일을 열심히 하고 있다고 생각했다. 맡은 업무가 달라서이기는 했지만, 나는 같은 공간에서 일하는 동기보다 늦은 시간까지 일해야 했으며, 가끔씩은 업무를 마감해야 하는 날짜에 맞추기 위해 주말에 출근해 일하기도 했다. 그래서 난 다른 동기들에 비해서 열심히 일하는 게 분명하다고 생각했다.

그런데 그즈음 가까이에 있던 친구 한 명이 일이 많다면서 주말에 일을 해야 한다고 했다. 그래서 주말에 같이 학교 도서관에 가서 친구는 일을 하고, 난 옆에서 주말이니 일이 아닌 다른 공부를 했다. 그렇게 주말에 도서관에 가던 어느 날, 나는 그 친구가 그렇게 주말까지도 도서관에 가서 컴퓨터를 보면서 일하는 것이 주어진 일이 너무 많아서 그것을 해결하기 위한 것이 아니라, (일이 많기도 했지만) 다음에 해야 할 일을 준비하기 위해 책을 보며 자료를 수집하고 공부하면서 일하고 있었다는 것을 알았다. 그때 난 내가 회사에서 열심히 일한다고 생각했던 것이 얼마나 작은 나 혼자만의 생각이었나를 깨달았다. 내가 그 친구에게 왜 그렇게 열심히 일하는 것이냐, 지금 안 해도 되지 않느냐고 물었더니, "회사에 자기보다 똑똑한 사람들이 너무 많아서, 자기가 이렇게라도 준비하지 않으면 자기는 회사에서 살아남지 못할 것"이라고 했다. 그리고 그해 말, 그 친구는 자기네 회사에서 우수사원 표창을 받았다.

2. 좋아하는 일 vs 좋아하게 되는 일

사회생활을 처음 하는 초년 시절, 가끔 회사 일이 힘든 친구들이 큰 의미 없이 지나가는 말로 일하기 너무 싫다고, 그만두고 싶다고 하곤 했다. 그럴 때마다 난 자기가 좋아하는 일을 하는 용기 있는 사람이 세상에 얼마나 있겠냐고 말했다.

많은 사람들이 어떤 생각으로 자신의 일에 임하는지 내가 모두 정확하게 알 수는 없지만, 어쩌면 많은 사람들은 원래 자기가 좋아하는, 좋아했던 일을 하는 것이 아니라, 어쩌다 보니 접하게 된 분야에 자신을 맞춰가다 보니 또 일이 좋아지고, 그렇게 열심히 하게 되는 것 아니겠냐고 말이다.

물론 자신이 원하는 것을 정확히 알게 되고, 그것을 향해서 방향을 정확히 조준해서 나가고자 하는 것은 분명 바람직한 것일 테지만, 그런 것이 없는 상태에서 지금 일이 싫다고 대안 없이 일을 그만두는 것은 그다지 좋은 방법이 아니라는 것이다.

사실, 자신이 좋아하는 것이 무엇인지 아는 것이 가장 어려운 것이라면,

지금 주어진 상황에서 열심히 일하면서 내가 좋아하는 것이 무엇인지 알기 위해, 다양한 경험을 쌓는 것이 더 나을 수도 있다.
비겁한 이야기이지만, 과연 우리 중에 얼마나 많은 수가 고등학교를 졸업하면서 자신이 꼭 하고 싶은 것을 찾아서 대학의 전공을 선택했는가? 그리고 그렇게 선택한 그들은 지금 관련된 일을 찾아 자신의 꿈을 실현하고 있는가? 어쩌면 우리는 우리 능력에 맞춰서, 우리의 삶을 알맞게 만들어 가고 있는 것 아닐까? 자신이 하고 싶다고 좋아한다고, 모두가 다 운동선수가 될 수 있고, 모두가 다 음악가가 될 수 있을까?

이상과 현실이 다르다고 이야기하는 것이 아니다. 큰 꿈을 갖는 것은 분명 중요하고, 약간은 힘든 듯 한 꿈을 설정하고 노력하는 것은 그것보다 더 중요하다. 이상과 현실은 다르다고 포기하기 전에, 자신이 진정으로 좋아하고 할 수 있는 것이 무엇인지 먼저 알아야 한다. 다만 내가 좋아하는 것만 할 수는 없다. 더 나은 미래를 위해서, 해법을 찾기 위해서 때로는 싫은 일을 견디고 버티면서 해야 할 때도 있다.
물론 우리의 최종적인 목표는 좋아하는 일을 하는 것이 되어야 한다. 그 방법은 둘 중 하나가 될 것이다. 첫 번째는 부지런히 노력하여 좋아하는 일을 하게 되는 것이고, 두 번째는 자신이 하는 일을 열심히 하다 보니 어느 순간 좋아하게 되는 것이다.

미국 경영대학원을 돌며 성공한 CEO와의 대담을 진행하는 프로그램에서 젊은 나이에 인터넷 쇼핑몰을 창업하여 나름의 성공을 거둔 CEO가 출연한 적이 있었다. 진행자는 그에게 일하는 게 힘들지 않은지, 때론 발리 같은 곳으로 휴가를 떠나고 싶지 않은지 물었다. 그랬더니 그는 자신이 하는 일이 너무 즐거워서, 발리를 가느니 일을 계속 하고 싶다고 했다. 그는 참 행복한 사람 중의 한 명일 것이다.

3. 생계를 위한 일 vs 보람, 자아 성취, 다른 것을 위한 일_소명의식

함께 이야기를 나누게 된 의사가 있었는데, 외과의라고 했다. 그래서 "그러면 수술도 하시나요?"하고 물었더니, 당연하다고 대답했다. 그 말을 듣고 나는 술기운이었는지, 불쑥 "수술하는 의사는 돈을 벌려고 일하면 안 될 것 같다."고 말했다. 왜 그러냐고 묻기에, 나는 "조금만 실수해도 사람이 죽을 수 있는데, 당연히 안 되죠."라고 했다. 그랬더니 돌아오는 말이 "의사 부인 돼 봤어요? 그러면 생각이 바뀔걸요?"였다. 그래서 난 그 당시에 "내가 벌면 되죠."라고 했다. (그리고 이후 결혼을 해서 정말 의사 부인이 되었지만, 나는 남편이 사망하기 전, 남편과 살던 그 당시에도 "의사는 돈만 벌기 위해서 일을 하면 안 된다."라는 생각은 여전히 가지고 있었다. 사람의 생명을 다루는 일이기 때문이다.)

어떤 직업에도 소명의식은 필요하겠지만, 직접 돈을 움직이는 증권 등의 금융업이나, 물건이나 서비스를 팔아 이윤을 남겨서 주주의 이익 극대화를 목적으로 하는 일반 기업에서 일하는 것과 사람의 생명과 인신 구속 여부를 좌지우지할 수 있는 의사와 판사는 적어도 다소의 차이는 있어야 하지 않나, 라는 것이다.

의사, 특히나 수술하는 의사는 자신의 사소한 실수로 환자의 생명이 위험해질 수 있으며, 판사의 경우에는 말 한마디에 한 사람의 인생 전체가 결정될 수도 있다. 그런데 그들이 돈만을 위해서 일한다면, 우리는 인간의 가치가 돈보다도 못한 것인가 하는 회의에 빠지게 될지도 모른다.

그리고 판사를 하다가 지금은 변호사를 하고 있는 어떤 사람은 자신의 글에서 판사에서 변호사를 하게 된 후 가장 좋은 점을 기술하면서, 이제는 아무나 거리낌 없이 만날 수 있다는 것이 좋다고 했다. 판사로 있을 때는 혹시나 자신이 내리는 판결에 영향을 미칠까 봐 염려되어 아무나 만나지 못했는데, 이제는 변호사로 일하니 그러지 않아도 되는 것이 가장 좋다고 했던 것이 기억난다.

비단 의사나 판사가 아니더라도 자신의 직업에 있어서, 생계 수단뿐만 아니라 다른 고귀한 목적을 찾는 것은 보다 자신 있고, 알찬 삶을 영위하는 데 많은 도움이 될 것이라고 생각한다.

4. 삶에 있어서 일이 차지하는 의미

어느 직업에 종사하든지, 그 직업을 좋아하고 자신이 즐길 수 있는 것이 가장 중요할 것이다. 미래를 알 수 없다면 현재 내 모습이라도 즐거워야 하지 않겠는가? 직업은 현재의 나를 구성하는 가장 큰 부분 중의 하나인데, 그 부분에 대한 명확한 개념 정립이 되어 있지 않다면 그 사람의 삶의 질은 개선하기 힘들 것이다.
내가 어떤 사람이 되고 싶은지를 알고, 기억하고, 그렇게 되기 위한 하나의 방편으로 일을 하는 것. 그리고 그 일을 좋아하는 것. 이것이 삶을 보다 의미 있게 만드는 방법일 것이다.

> *인생의 가치가 돈을 버는 것이라고 생각하는 사람도 있겠지만 저는 세상의 구멍을 메우는 것이라고 봅니다. 세상에 구멍이 뚫려 있으면 사람들이 어려움을 겪기 때문에 구멍을 메우는 것이 인생에서 가치 있는 일, 아니 인생 그 자체라고 여깁니다. 일로 메울 것인지, 학문으로 메울 것인지는 각자가 결정할 일입니다.*
>
> _요로 다케시, 〈바보의 벽을 넘어서〉 중에서

05

일하기 좋은 환경 VS 나쁜 환경

직장생활을 하다 보면 모든 사람이 다 마음에 드는 것은 아니다. “저 사람은 왜 아직까지 결혼을 안 했을까?” 하는 사람이 있는 반면, “저 사람은 어떻게 결혼한 거지?” 하는 사람도 있는 것처럼, “난 정말 저 분처럼 성장해야지.” 하는 사람이 있는가 하면, “저 분은 어떻게 저 자리까지 올라간 걸까?” 하는 의심을 품게 하는 사람도 있다.

내 마음에 드는 사람만 있으면 좋겠지만, 마음에 들지 않는 사람과 함께 한 공간에서 일을 해 나가는 경우 그 기간이 길어질수록 내가 이곳에 계속 있어야 하는 걸까 하는 회의가 들게 된다.

“저 사람과 지내야 하는데 소모되는 에너지가 너무 아깝다.”

“나 안 그래도 할 일 많고 바쁜데, 내가 이런 데에 내 아까운 에

너지를 다 써야 하는 걸까?"

"난 내가 좀 더 생산적인 일에 에너지를 쓸 수 있도록, 나를 좋은 환경에 두고 싶다."

할 수만 있다면 본인을, 그리고 자신의 자녀를 더 좋은 환경에 있게 하기 위해 어렸을 때부터 숱한 노력을 한다. 좋은 친구들을 만나야 하고, 아름다운 이야기가 있는 책과 드라마를 봐야 하며, 좋은 학교에 가서 좋은 사람들과 관계를 형성하는 법을 배워야 했다. 이 모든 것은 우리를 좀 더 나은 환경에 있게 하기 위함이었다.

단적으로 말하자면 좋은 환경, 나쁜 환경이란 존재하지 않는다. 다만 내가 그것을 극복할 수 있느냐, 극복할 수 없느냐의 차이만이 존재한다.

그렇다면 여기서 한 가지 생각해 봐야 할 것은 "지금 내가 처한 환경은 과연 극복할 만한 가치가 있는 것인가?"에 대한 질문이다. 물론 우리의 모든 과거는 현재를 구성하는 것이며, 지금 어떻게 하느냐는 또한 우리의 미래를 구성할 것이다. 그렇기에 내가 처한 환경에서 잘 해나갈 수 있는 능력은 내 인생의 어느 순간에라도 도움이 될 수 있는 부분이 분명히 있을 것이다.

다만 생각해야 할 것은 기회비용의 문제이다. 지금 환경을 극복하기 위해서 내가 잃어버리는 것을 생각해 보아야 한다. 나를 조금 더 스트레스가 덜한 환경에 둠으로써 다른 생산적인 일에 그 시간을 사용할 경우 얻게 되는 이득, 그리고 건강상의 이득과 지금 처한 상황을 극복했을 경우 내게 돌아오는 보상을 서로 비교해 보아야 할 것이다.

이 둘을 비교했을 때 어느 것이 더 큰가? 다 가지고 싶지만, 그것이 용납되지 않는 평범한 민간인일 경우 어느 하나의 선택을 해야 한다. 물론 이때 필요한 것은 용기, 그리고 덮쳐오는 불안함과 두려움을 이길 수 있는 자신감에 다름 아니다.

젊었을 때 고생은 사서도 한다는 말을 그리 좋아하지는 않지만, 어찌되었든 지금 겪는 두려움이 무서워 벗어나고자 한다면, 앞으로 닥쳐올 수많은 난관을 어떻게 헤쳐 나갈 수 있을 것인지에 대해서도 또한 자신의 생각을 먼저 정립해야 한다. 하지만, 이 세상에 나만큼 소중한 것은 또 없다는 것도 동일하게 항상 명심해야 한다. 나를 너무 험하게 굴려서는 안 된다.

1816년 여름, 난파된 메두사 호의 생존자 15명이 뗏목 위에서 아르귀스 호의 모습을 발견하고 기뻐 날뛰는 모습을 그린 테오도르 제리코의 〈메두사 호의 뗏목(The Raft of Medusa)〉을 아는가? 온갖 풍문에 휩싸였던 이 생존자들 중에 구조된 후 정상적으로 사회생활을 할 수 있었던 사람은 극히 드물었다고 한다. 대다수의 생존자가 소위 트라우마라고 하는 정신이상 증상에 시달리는 등 12일 동안의 끔찍한 기억에서 자유롭지 못했다고 한다.

물론 이런 심각한 정도의 일을 겪는 것과 일상의 어려움을 비교하는 것은 분명히 무리가 있다. 다만 중요한 것은, 이 세상에서 가장 소중한 것은 바로 자기 자신이며, 우리는 좀 더 고귀하고 우아하게 사는 법을 익혀야 한다. 그러기 위해서 우리에게 필요한 것은, 어떤 선택도 받아들일 수 있는 준비된 능력, 두려움을 떨칠 수 있는 자신감, 그리고 선택할 수 있는 용기이다.

TIP

외상 후 스트레스와 외상 후 성장

고난의 시기는 누구에게나 온다. 비바람이 치는 날들을 지나고 나면, 언젠가 봄이 온다. 다만, 그 고난의 시기를 어떻게 보내느냐에 따라 외상 후 스트레스를 겪을 것인지, 외상 후 성장을 겪을 것인지 판가름 나게 될 것이다.

환경에 대하여 판단하고, 나에 대하여 판단해야 한다. 그리고 나는 그 환경을 이겨낼 것인지, 아니면 피할 것인지를 선택해야 한다. 다만, 극복할 것을 선택한다고 해서 반드시 더 나은 성장이 있는 것도 아니고, 피할 것을 선택한다고 해서 패배자가 되는 것도 아니다. 우리 인생은 어떤 선택을 한번 한다고 해서, 그 이후의 상황이 그대로 정해지는 '인생극장'이 아니다.

한 번의 선택 이후에도 수많은 선택이 기다리고 있고, 우리가 이 선택 이후 스트레스가 남을지 성장이 남을지는 아무도 알 수 없다. 그러니 용기와 자신감을 가지고 자신의 선택을 신뢰하면 된다.

진짜 고통, 깊은 고통을 겪어보지 못한 사람은 진정한 어른이 되지 않는다. 누군가는 여섯 살에 어른이 되기도 하지만 누군가는 예순이 훌쩍 넘어서도 아이로 남아 있다. 부모가 세상을 떠나거나, 자기 몸에 심각한 이상이 생기거나, 눈에 넣어도 아프지 않을 자식이 큰 병 또는 죽음을 맞거나, 이혼 또는 사업의 실패, 도덕적 문제로 삶이 무너지면 그제야 비로소 어른이 된다.

_스티브 레더, 〈고통이 지나간 자리, 당신에겐 무엇이 남았나요?〉 중에서

06

회사에서 부당한 일을 당했을 때

참는 자가 이기는 자

세상을 살다 보면 가끔씩 억울한 일이 생기기도 한다. 가끔씩은 '어, 저건 아닌데……'라는 생각이 들기도 하고, 분명히 난 할 말이 있었지만 아무 말도 하지 못하는 상황에 놓이기도 한다. 그리고 부모님의 품을 떠나고, 학생이라는 신분을 떠나 직장을 얻어 사회인으로서의 생활을 시작하다 보면 이러한 일들이 가끔씩 내게 닥쳐오기 시작한다.

이럴 때면, 이런 대우를 받고도, 이런 부당한 취급을 당하고도 아무 말도 못하고 당하고 있는 내가 바보 같기도 하고, 주변에서도 나에게 왜 말을 못하냐며 어린애 취급을 하기도 한다. 용기 내어 말 해 보고도 싶지만, 앞으로의 생활이 걱정되기도 하고, 그 뒤에 펼쳐질 수많은 일들을 혼자서 감당해낼 자신이 없어 다시 수그러든다. 그리고 다시 꾹 참고 아무 일도 없었다는 듯이 똑같이 생활을 영위해 간다.

하지만 상황이 변하지 않는다면, 그리고 내가 그 행동과 상황들에 대해 아무런 언급도 하지 않는다면, 나를 불편하게 했던 그 상황들은 똑같이, 아니면 비슷하게 끊임없이 반복되어 일어날 것이다.

이때 우리는 선택하면 된다. 그냥 참고 견딜 것인가, 아니면 내 권리를 찾아 부당함을 이야기하고 수정할 것을 요청할 것인가? 내가 부당함을 이야기하고 난 후에 따라오는 수많은 부수적인 일들을 자신이 이겨낼 수 있는 용기가 있다면 자신의 권리를 찾아 "이것은 부당하다."라고 이야기해도 된다.

하지만 나는 그러한 상황이 만약 직장 내에서 발생한 것이라면, 뒤에 수반되어 나타나는 많은 일들을 헤쳐 나갈 용기가 있다고 해도 되도록이면 참고 이겨내기를 권한다. 내게 그런 용기가 있다고 해도, 모든 일이 다 끝난 뒤에 되돌아보면 결국 남는 것은 손해 본 자신뿐이다.

조직은 쉽게 바뀔 수 있는 곳이 아니다. 어떤 문화라는 것은 짧게는 몇 년, 길게는 수십 년을 두고 형성되어 온 것이며, 직장의 조직문화도 마찬가지이다. 각 회사마다 나름대로 자신의 조직문화를 가지고 있으며, 이것은 오랜 기간 동안 형성되어 온 것으로 쉽게 바뀌지 않는다.

내가 아무리 용기를 낸다 한들, 그러한 나의 용기는 내게만 그 효과가 미칠 뿐, 조직에는 그 어떤 영향도 미치지 않는다. 결국 시간이 흐른 뒤에 되돌아보면 아무것도 변하지 않고, 일정 부분 손해를 감내한 자신만이 남게 된다.

이미 부당한 처사로 인해 손해를 본 사람에게 계속 손해를 보면서 지내라는 말 같아서 그리 탐탁지 않게 느껴지는 말이지만, 그래도 "참는 자가 이기는 자"이다. 물론 참지 못할 정도로 부당하다면 참지 않아도 된다. (그것이 정의라면 말이다.) 하지만 참을 수 있다면 끝까지 참았다가 나중에 회사를 떠날 때, 그때 "에잇! 더 이상 더러워서 못 해 먹겠네!" 하고 나오면 된다.

그리고 그 무엇보다 상황 파악을 잘하는 것은 언제나 자신에게 도움이 된다.

삶 속의 온갖 자잘한 일들을 대면하여 늘 중심에 머물게 하는 마음의 기술을 연마하는 게임에 맛을 들이다 보면, 어느 날 문득 당신은 자신이 정말 중대한 문제 앞에서도 중심을 지킬 수 있게 된 것을 발견할 것이다. 과거 같았으면 당신을 파멸로 몰아갔을 종류의 사건도 당신을 완벽하게 평화로운 중심에 남겨둔 채 왔다가 그냥 지나가게 할 수 있다.

_마이클 A. 싱어, 〈상처 받지 않는 영혼〉 중에서

P.S

최초의 승진 누락 시 취할 수 있는 방법들

냉정하게도, 만약 당신이 입사 이후 최초의 승진인 대리 승진에서 누락되었다면, 이것은 당신도, 나도 알고 있는 바와 같이 이미 당신이 상사의 눈 밖에 났다는 소리이다. 더군다나 대리 승진은 웬만하면 거의 다 시켜 주는 분위기의 회사인데 그곳의 대리 승진에서 누락되었다면, 심하게 이야기하면 당신은 "언젠가는 회사에서 나가주세요."하는 말을 들은 것과 같다.

이런 승진 누락과 같은 일이 생기면 마치 주변에서 계속 내 이야기만 하는 것 같고, "왜 내가 승진에서 누락되었는가?"라는 질문에는 알맹이 없는 대답만 계속 돌아온다. 하지만 어쨌든 결론은 우리 모두가 다 알고 있는 것과 같다. 더 이상의 미련은 갖지 않는 것이 좋다.

다만 이 시점에서 중요한 것은 이런 상황이 힘들겠지만, 꾹 참아내면서 최소한 1년간은 더 일해서 일단은 최초의 승진을 그 회사에서 경험해야 한다. 힘들겠지만 그렇게 한 이후에는 당신은 이제 이 회사 말고 다른 길을 노려봐야 한다.

밀렸던 승진이 해결되고, 시간이 지나면서, 당장 회사를 나가고 싶은 마음뿐이었던 처음 생각이 흐려질 수도 있다. 최초의 승진이 누락되었다는 기억이 희미해지고, 다시 새로운 직장을 찾아야겠다는 생각도 희미해질 수 있다.

또는 이를 악물고 이 회사에서 내가 성공해 보이겠다는 생각을 할 수도 있다. 하지만 이미 그런 경험을 했다면 나는 당신이 그 회사에서 끝까지 성장할 것을 바라지는 않기를 바란다. 회사에는 이미 첫 번째 승진부터 발탁, 특진 등을 거친 다른 직원들이 이미 많기 때문이다. 회사의 요직에 있는 많은 사람들은 어렸을 때부터 발탁, 특진만 거듭해서 그 자리에 올라간 사람들이었다. 당신이 회사에 계속 남아 있으면 그저 그들이 잘 해 나갈 수 있도록 그 밑을 지켜주는 역할을 할 뿐이다.

정상적인 승진을 한 사람이라 할지라도, 회사 내에서 특진, 발탁 등을 한 사람들의 뒤에서 그들을 봐 주는 역할을 할 가능성이 크다. 회사의 중요한 자리는 모두 어렸을 때부터 승승장구한 사람들에게 돌아가거나, 나중에 외부에서 영입된 핵심 인재들에게 돌아가는 경우가 많다.

평범하게 자리를 지키고 있는 사람에게는 그저 평범한 자리가 돌아갈 뿐이며, 임원의 자리가 돌아가기는 힘들다. 처음엔 실패했지만 나중에 잘해서 상사나 회사의 눈에 들어 회사에서 성공해 보이겠다는 생각은 앞으로의 험난한 여정을 예고하는 것이다.

더군다나 사람은 누구와의 관계에서든 첫인상이 중요하다. 그리고 사회생활의 초보시절은 누구나 서툴기 마련이다. 그렇게 서툰 모습을 보여줬던 사람들에게 나는 영원히 신입사원으로 비춰질 뿐이다. 하물며 어떤 연유에서 첫 번째 승진에서 누락되었다면 그 이미지는 내가 회사에 남아 있는 동안 나의 영원한 트레이드마크가 될 것이다.

이는 앞으로 상사의 눈에 들고 지금 있는 회사에서 승승장구할 가능성이 없다는 말이 아니다. 하지만, 더 많은 가능성을 품고 있는 곳을 찾아가는 것이 훨씬 낫다는 것을 말하고 싶다. 30%의 성공 가능성이 있는 곳보다 50%의 성공 가능성이 있는 곳에 속해 있으면서 열심히 일해 나가는 것이 앞으로의 자신의 생에 있어 더 나은 길을 보장해 주지 않을까? (어느 곳에 가든지 100%의 성공 가능성을 보장해 주는 곳은 없다.)

물론 지금 속해 있는 회사에서 다른 회사로 옮기기 위해서는 본인이 따로 직업적인 체력을 길러 두어야 함은 반드시 기억해야 한다. 아무런 자기계발 없이 가만히 주어진 일만 하는 직원은 지금 회사뿐만 아니라 그 어느 회사도 반기지 않는다.

"어떻게 하면 나비가 되죠?"

"날기를 간절히 원해야 돼. 하나의 애벌레로 사는 것을 기꺼이 포기할 만큼 간절하게."

_트리나 폴러스, 〈꽃들에게 희망을〉 중에서

07

도전하는 자 vs 인내하는 자

이제, 회사가 자신이 감당할 만한 곳으로는 너무 작게만 느껴지십니까? 이런 때 어떤 선택을 해야 현명한 것인지는 오직 본인만이 알고 있을 것입니다.

같이 입사했던 동기들 중 살펴보면, 자신이 가지고 있는 것이 많다고 생각했던 친구들은 그 회사에서 많은 시간을 버티지 않고 나가는 경우가 많다. 내가 만났던 어느 친구는, 자기는 자기 회사가 너무 좋다고, 자기에게는 이곳이 처음 직장이고, 또 마지막 직장일 것이라고 했다. 더군다나 자기보다 잘난 애들은 다 이미 나가서, 큰 사고만 치지 않으면 계속 남아 있는 것이 그리 어려울 것 같지도 않다고 했다.

학교를 졸업하고, 국내 한 대기업에 입사했다가 나와서 어떤 시험 준비를 했고, 그 시험에 합격해서 전문 법인에서 일하다가 현재는 국가 기관에서 일하고 있는 선배는 이런 말을 한 적이 있다.

"지난번에 첫 입사했던 회사 동기들을 만났는데, 많은 사람들이 다른 회사로 옮기는 와중에 아직도 그 회사에 남아 있는 동기가 있더라고. 그런데 그 동기가 지금 회사에서 부장이더라?"

그러면서, "야, 걔가 우리 동기 중에 가장 찌질한 애였어. 아! 그 회사 남아 있었으면 지금 아파트 하나는 샀겠다."고 하였다.

(물론 가벼운 자리에서 나눈 농담이었고, 그분의 지금 현재 모습도 충분히 멋지다. 사람은 항상 자기가 갖지 못한 것, 가보지 못한 길을 동경하는 법이므로)

이처럼 신기하게도 잘났다고 생각하는 사람들은 회사에서 다 나가고, 어느새 살펴보면 동기 중에 가장 찌질한 친구가 부장이 되어 있고 임원이 되어 있다. 일을 잘하든 똑똑하든 상관없이 결국 엉덩이 무거운 사람이 승리한다는 것은 경험으로 증명된 사실인 것이다.

그 선배가 웃으면서 농담처럼 말했듯이, 다른 사람들이 자신은 더 잘났다고 외치면서 회사를 박차고 나갈 때, 그냥 다니는 회사에 '찌질하게' 남아 있는 것이 오히려 가장 찌질하지 않은, 가장 훌륭한 처세법이 될 수 있는 것이다. (물론 회사에서 승진 누락이라든지, 어떤 큰 문제가 없을 경우에 한 한 것이다.) 어느 조직이든 안에서 보게 되면 문제점이 보이게 되고, 잘났다고 생각하는 사람들은 그것을 견디지 못하고 나가게 된다. 그래서 결국에는 참는 자가, 견디는 자가, 버티는 자가 이기는 자가 되는 것이다.

앞에서 이야기했던 선배가 현재 일하고 있는 국가 기관에서도 그 양태는 똑같다. 그곳에서도 잘났다고 생각하는 사람들은 어느 샌가 다른 조직으로 옮겨간다. 어느 회사나 어느 조직이나 비슷하게 돌아간다. 항상 자신이 잘났다고 생각하는 사람들은 자신이 있는 조직을 어느 샌가 너무 작게 느낀다. 그래서 나가고, 다시 새로운 삶을 시작한다.

사실 밖에서 바라보기에는 그럴 듯해 보이는 조직도 그 안에 들어와서 보면 아무것도 아니다. 남이 가진 떡이 더 근사해 보이듯이, 내가 이미 가진 것에는 더 이상 그렇게 많은 매력이 느껴지지 않는 경우가 많다. 그래서 항상 너무 원해서, 너무 입사하고 싶어서 들어온 회사에서도 결국 들어와서 일하다 보면, "어, 별거 아니네……."라는 생각이 들고는 한다.

그럴 때 어떤 이는 다시 떠날 채비를 하고, 어떤 이는 그저 만족하면서 남고, 힘들어도 버틴다. 사실 누가 더 나은 삶을 사는지는 모를 일이다. 자기 소신대로, 자신의 철학대로 살면 되는 일이다. 결국엔 누가 더 인생을 즐기면서, 행복하게 살았는가만 남는 것이 아닐까?

그리고 늘 그렇듯이 우리의 모든 행동의 근간에는 내 커리어의 큰 그림(big picture)이 있어야 한다는 것, 그것만 잊지 않으면 될 것이다.

성공이란, '가치 있는 꿈을 점진적으로 실현시키는 것'이라고 할 수 있습니다. 따라서 미리 정해 놓은 목표를 위해 일 하고 자신이 어디를 향해 가고 있는지를 분명히 알고 있다면 반드시 자신이 원하는 것을 이루게 될 것입니다.

_얼 나이팅게일, 〈가장 낯선 비밀〉 중에서

08

회사생활이 힘든 당신에게

난 좀 잘해!
어쩌면 난 일을 잘하는 것 같아!

일을 몇 년 열심히 하다 보면 내가 뭐든지 할 수 있을 것만 같은 생각이 든다. 교만과 자만심이 스멀스멀 올라온다. 같은 일을 하다 보면, 매번 똑 같은 형식에 매년 반복되는 비슷한 일들에서 매너리즘에 빠지기도 하지만, 반대로 무한한 욕심이 생기기도 한다. 더 해 보고 싶고, 진취적인 내 모습이 좋아지기도 한다. 바로 이때가 조심해야 할 때이다.

드디어 내가 가진 것이 대단해 보이기 시작한다. 난 이런 데서 일했고, 난 이런 일을 했고, 가끔은 내가 제안한 일이 멋지게 이루어지기도 했고, 다른 동기들보다 더 잘하는 것 같다는 생각도 든다. 물론 당신 생각이 맞을 수도 있다. 하지만 그저 당신 생각일 뿐일 확률 90%이다.

보통 사람들은 자신을 다른 사람보다 아끼고 자신을 실제보다 과대평가하는 경향이 있다. (물론 좋은 거다. 그래서 "나는 소중하니까요!!"라는 문구가 히트였을 것이다. 다들 그렇게 생각하고 그러고 싶어 한다.) 그리고 이래야 정신건강에도 좋을 테다. 사실 사람은 원래 조금은 이런 면이 있어야 세상을 별 무리 없이 살아갈 수 있다.

짬밥의 위력

그런데 사실 이런 교만한 마음은 꼭 일을 시작한 지 몇 년이 지나야 생기는 것은 아니다. 회사에 갓 들어온 사람도 일을 배운 지 얼마 되고 나면, "이게 맞잖아요!" 하는 생각이 들기 시작한다. 그리고 이것을 선배에게 이야기하지만, 그 대화가 끝날 무렵, 결국은 선배 말이 맞다는 것을 알게 된다.

짬밥이란 이렇게 무서운 거다. 갓 들어온 당신은 모르는 것이 아는 것보다 훨씬 많고, 설사 지금은 선배 말이 틀린 것 같고 아닌 것 같아도 시간이 지나면 선배의 그 말이 맞다고 느끼는 경우가 그렇지 않은 경우보다 분명 많다. 그러니 지금 좀 아닌 것 같아도 참고 기다리면 선배 말이 맞았구나 하는 시간이 오게 된다. (물론 이것은 상식이 통하는 선에서 그렇다. 보통의 경우에 그렇다는 것이다. 당신이 지금 그렇지 않다고 반발하고 싶은 그 마음처럼, 밥값 못하는 사람도 또 분명히 있다. 사람은 분명 밥 먹은 횟수에 비례해서 철드는 것은 아니기도 하다.)

정당성은
'윗선의 지시'

정당성은 '윗선의 지시'라는 다섯 글자로 요약된다. (언제적 이야기냐고 할 수도 있겠지만 "까라면 까!"라는 우리네 조직문화에서 명백하게 불의한 일이 아닌 이상, 솔직히 선배가 하라는 대로 하는 것이 속 편하고 좋다. 비록 좀 없어 보이긴 하지만. 그리고 사실 그땐 '내가 이렇게까지 해야 하나?' 생각이 들기도 하지만, 윗선의 판단이 내 판단보다 나은 경우가 훨씬 많다.)

위계질서 때문이든 그렇지 않든 사실 조직생활을 하는 데 있어서 정당성은 윗선의 지시라는 생각은 내가 정상적인 교육을 받고 자라왔고, 옳고 그름을 판단하는 기초적인 능력을 보유한 사람이라고 가정할 경우에, 실보다는 득이 되는 경우가 많다.

잘 모를 때는, 내가 잘했는지 잘못했는지, 이것이 맞는지 틀린지 잘 판단이 서지 않을 경우에는 그냥 윗선의 지시대로 하면 된다. 그렇다면 시간이 흐른 뒤 당신은 짬밥의 위력을 느끼게 될 것이다.

과장, 차장, 부장과 같은 직책은 그냥 얻어진 것이 아니다. 다 그만큼 할 만하니까 그 자리까지 오른 것이다. 당신이 아는 것은 그분들이 아는 것에 비해서 현저하게 적을 경우가 많다는 것을 인정해야 한다.

상식이 통하는 사회에서 살기

그렇지만 사실 그것은 당신이 부당하다고 느낄 만한 것들일 수도 있고, 실제로 옳지 않은 것일 수도 있다. 만약 그런 일이 계속된다면, 그 때는 내 양심의 목소리에 귀를 기울이면 된다. 사람은 상식이 통하는 곳에서 살아야 한다. 상식이 통하지 않는 몰상식의 세상에서 살다 보면 당신도 언젠가 당신이 봐왔던 그 몰상식의 모습이 된다. 그렇게 되기 전에 얼른 그곳을 빠져나와야 한다.

사람은 어쩔 수 없는 배경의 산물이다. 당신이 지금 속해 있는 그 환경들이 모여서 당신이라는 하나의 작품이 된다. 당신을 좀 더 아름다운 작품으로 만들고 싶다면 당신이 되고 싶은 아름다운 모습이 있는 곳으로 가서 살아야 한다. 쉬운 일은 아니지만 찾아야 한다. 지금 힘들다고 놓아버리는 당신에게 멋진 당신이 될 기회는 영원히 없다.

물론 이것은 당신이 그만큼의 판단력이 있고, 사리분별이 가능한 경우에 한한다. 그리고 (그것이 부정의한 것이 아니라면) 당신이 약간의 힘듦은 감당할 수 있고, 충분히 어려움을 이기고 극복할 만한 마음가짐을 가진 사람임을 전제로 한다.

만약 당신이 그렇지 않다면 좀 더 세상에 대한 공부를 하고, 다른 사람의 이야기에 귀를 기울이고, 그리고 당신을 힘들게 하는 선배들이 하는 말을 조금만 더 참고 들어보면서, 당신이 사리판단을 할 수 있는 때가 오기를 기다려야 한다. 그리고 때가 오면 실행에 옮긴다. 기다리는 것은 내가 판단할 수 있는 때가 올 때까지이다.

판단이 끝났다면 실행은 순식간에 이루어져야 한다. 당신이 그동안 세상을 살면서 느꼈던 것처럼, 당신은 그다지 위대한 영혼도, 강한 의지의 소유자도 아니다. 시간이 지날수록 당신의 결심은 무뎌지고, 관성에 굴복할 것이다. 그러니 생각이 든다면 지금 바로! 지금이 아니면 당신에게 때는 오지 않는다. 기다림의 시간은 이미 지나갔다. 이제는 결심하고 실행에 옮길 시간이다.

생채기 난 내 마음을 보살피는 법

그래도 기분 나쁘고, 너무 속상하고, 내 자존심에 생채기가 났다면 누군가를 만나서 그 사람 욕을 한번 강하게 해 주면 된다. 그리고 잠을 잔다. 보통은 잠을 자면 풀린다. 그러면 내 무식을 인정하고, 내 짬밥이 당신 짬밥만큼 많지 않음을 받아들이고, '당신이 하는 말이 다 맞소.'라는 마음가짐으로 나를 훈련시킬 수 있게 된다. 훈련은 처음에야 힘들지, 두세 번 하다 보면 괜찮아진다. 처음보다 훨씬 쉬워진다. 그러면서 느낀다. '아, 나도 이제 조금 더 자랐구나.' 이렇게.

그리고 만약 욕을 실컷 하고, 잠자고 일어났는데도 안 풀리면 잠을 몇 번 더 잔다. 잠을 몇 번 더 자고 한참의 시간이 흘렀는데도 내 감정이 풀리지 않는다면 그땐 결심해야 한다. 세상엔 용서하지 못할 일들도 많다. 아니, 굳이 용서하지 않아도 되는 일들도 있다. 한 달이 지나고 거듭 시간이 지나도 상처 난 자존심이 회복이 안 된다면, 그때는 당신의 자존심을 선택하면 된다. 난 그 무엇보다 소중하니까.

대신 당신의 결정에 후회가 없도록 평소 세상에 대한 공부, 업무에 대한 파악을 열심히 해 두는 것이 좋겠다. 그리고 그렇다면 난 당신이 그 누구보다 당신의 판단을 믿었으면 좋겠다. 살다 보면 아닌 사람들도 많고, 어떻게 저 자리까지 올랐을까 하는 사람도 분명 있다. 그리고 내가 선택한 상품에 불량이 있을 수도 있다. (완벽한 나도 가끔씩은 실수할 수도 있는 법이다. 이렇게 생각하면 쉬워진다.) 만약 당신이 하자 있는 상품을 구입했다는 것이 확실해진다면, 환불을 요청하거나 그것도 귀찮다면 그저 갖다 버리면 된다.

새로운 봄날을 맞이할 준비

내가 가지고 있는 것을 버리면 때로 더 많은 용기가 생기기도 하고, 때로 즐겁고, 또 상쾌하다. 오히려 그런 결심을 한 내가 대견스럽게 느껴지면서 충만함을 느낀다. 이제, 새로운 인생의 시작. 내 인생의 두 번째 봄날이 온다.

사계절은 언제나 번갈아 가면서 온다. 내 봄날은 언제고, 몇 번이고, 내가 인생을 포기하지 않는 한 계속해서 반복적으로 나를 찾아온다.

내게 온 봄날을 기쁘게 맞이하는 일. 봄날은 겨울을 지내면서 내가 가지고 있는 것들을 버리고 새로운 해를 맞이하는 순간 내게 찾아오는 법이다.

그런데,
사실 다 그럴 만하니까 그런 거예요

하지만 이것보다 더 중요한 지금, 조직생활에서 힘들어 하는 당신께 내가 해 주고 싶은 말이 있다. 당신은 당신이 생각하는 것만큼 똑똑하지 않을 수도, 유능하지 않을 수도 있다는 것이다. 당신은 당신이 생각하는 것만큼 조직에서 그렇게 중요하지 않은 사람일 수도 있다는 것. 심해지면 자괴감과 우울함이 찾아오지만, 이런 적당한 마음가짐은 나를 겸손하게 만들어준다. 난 그저 평범한 사람의 하나일 뿐이다.

다 그럴 만하니깐 그런 거다. 인정하지 못해서 힘들어서 손해 보는 것은 나 혼자이다. 결국은 나 혼자 울게 될 뿐이다. 나 자신의 한계를 깨닫고, 몇 번 부서지고 다시 일어나면 된다. 보란 듯이. ("나 이런 사람이야."라고 외치면서.)

자기가 쌓아온 시간은 절대로 헛된 것이 아니랍니다. 그러니 그 자리에서 다시 출발하면 돼요. 바로 그 자리에서, 다시 걸어가요. 출발점은 언제나 내가 지금 서 있는 이 자리니까.

_스즈키 도모코, 〈스마일 데이즈〉 중에서

09

회사생활의 진실과 거짓

당신의 개성 따위 중요하지 않다

회사가 당신에게 요구하는 것은 얼마나 회사에 적응할 수 있느냐이다. 회사에서는 당신의 개성 따위에는 아무런 관심도 없다. 오히려 당신이 그 회사에서 오래도록 성장하고자 한다면 당신의 독특한 개성은 당신이 회사에서 중요한 자리를 차지하는 데에 장애물로 작용할 뿐이다.

(내가 절대로 좋아하는 말은 아니지만, 현실적인 관점에서) "모난 돌이 정 맞는다."는 속담은 아직도 유효하다. 물론 모든 사회에서 그렇다는 것은 아니다. 자신만의 독특한 개성으로 새로운 아이템을 가지고 책을 출판할 수도 있고, 자신만의 철학을 조금 더 보강하고 확립시켜 정치를 할

수도 있을 것이다. 개성이 강하고 사업가정신이 투철한 사람은 사업을 해야 한다. 이러한 세계에서는 모난 돌은 둥그런 돌들 사이에서 자신을 효과적으로 어필할 수 있고, 그러한 점을 이용하여 남들보다 우위에 설 수 있다.

하지만 당신이 대한민국의 일반적인 직장에서 일하고 있는 샐러리맨이라면 이야기는 달라진다. 회사에서는 분명히 모난 돌이 먼저 정을 맞게 되어 있다. 조직 내에서의 융화와 화합은 회사 내에서 첫 번째로 중요한 요건이다. 당신이 회사라는 조직에서 성공하고 싶다면 당신의 개성 따위는 죽여야 한다.

회사에 입사하기 위한 면접 시에는 당신이 다른 사람과 얼마나 다른지, 당신이 다른 사람에 비해서 얼마나 독특한 생각을 나타낼 수 있는지 보여줘야 했을 수 있다. 하지만, 입사 후에는 더 이상 회사에서 당신의 개성에 관심을 가져주지 않는다. 오직 회사의 구성원으로서 문제를 일으키지 않고 업무를 해나가는 능력만이 필요할 뿐이다.

당신이 어떤 형식으로든 당신의 독특함을 표현했다면, 그것은 당신이 그 회사를 떠날 때까지 따라다닐 것이다. 그리고 현실적으로 '독특한 아이'라는 표현이 따라다니는 것이 결코 그리 좋지만은 않다.

당신이 면접 시에 노래를 불러야 했다고, 입사 후에도 그런 것이 통할 것이라는 생각은 오산이다. 당신의 회사는 당신에게 회사에 어울리는 업무능력만을 요구할 뿐이다.

굳이 당신의 개성을 펼치고 싶거든 당신이 직접 회사를 설립하여 당신의 개성에 맞는 회사를 만들어 운영하면 된다. 회사에서는 회사의 철학과 조직 문화에 맞춰야 하는 것이다. 그 조직 문화가 마음에 안 들면, 참고 이겨내면서 그냥 회사에 다니거나 그도 아니면 나오면 된다.

회사는 당신의 개성을 표출하는 곳이 아니다. 일하는 곳이다. 창의성은 다른 곳에서 발휘하거나, 당신이 조직의 장이 되었을 때 나타내면 된다. 너무 이른 개성 표출은 부메랑이 되어 당신에게 돌아올 것이다.

동료는
동료일 뿐이다

회사에서 같이 근무하는 동료는 동료일 뿐이다. 동료는 친구가 아니다. 만약 당신이 회사에서 같이 근무하는 동료를 친구라고 생각하고 있다면 그것은 당신 혼자 착각하고 있는 것이다. 회사 동료가 친하게 지내는 사람이 될 수는 있으나, 그들이 친구가 될 수는 없다. 물론 그들을 진정한 친구라고 생각한다면 그렇게 생각하고 지낼 수는 있다. 하지만 그것은 당신이 회사 내에서 어려움을 겪기 전까지이다. 딱 거기까지 회사 동료는 친구로 내 옆에 있을 수 있다.

사람들과의 관계 설정은 그 사람과 처음에 어떤 사이로 시작했느냐가 아주 중요하게 작용한다. 물론 우정으로 시작해서 사랑으로 발전할 수도 있고, 회사 동료로 시작해서 기쁨을 함께 나누고 어려움을 함께 헤쳐나가는 친구가 될 수도 있다. 하지만 우정으로 시작해서 사랑으로 발전하는 것이 얼마나 어려운 것인가를 알고 있는 것처럼, 회사 동료가 진정한 친구가 되는 것 또한 얼마나 어려운 것인지를 알아야 한다. 아니 우정이 사랑이 되는 것보다 회사 동료가 진정한 친구가 되는 것은 훨씬 어려운 일이다.

기본적으로 돈을 거래하는 관계로 만난 사람이나, 업무적으로 만나는 사람들은 더 친해지지도 더 멀어지지도 않고 딱 그 만큼의 거리를 유지하는 것이 가장 좋다. 사람은 인간적으로 가까워지면 더 많은 것을 바라게 되어 있고, 그렇게 되면 돈 거래를 목적으로 만나는 사람들끼리는 불편한 관계에 놓일 수밖에 없게 된다. 그리고 회사에서 업무 중에 만난 사람들을 개인적으로 친한 사람으로 생각하는 순간, 나중에 상처받는 것은 그렇게 생각하는 당신 외에는 없다.

당신이 그들에게 해를 끼치지 않아도, 설사 당신이 정의를 위해 싸운다고 하여도, 그들은 자신에게 조금이라도 불편함이 돌아온다면 당신에게서 바로 등을 돌릴 것이다. 아닐 것 같지만 정말 그렇다. 그것이 큰 불편함이 아니라, 그저 견뎌낼 수 있는 작은 것이라 하여도 그들은 나를 위해서 그 위험을 감수하지 않는다. 오히려 당신에게서 등을 돌리는 것을 선택할 것이다. 이때 상처받는 것은 그들을 친구라고 생각했던 당신뿐이다. 왜냐하면 아무도 회사에서 함께 근무하는 당신을 의리를 지켜야 하는 친구로 생각하지는 않았기 때문이다. 그저 함께 일하는 동료의 사이. 이것이 전부이다. 더 많이도 더 적게도 생각할 필요 없다.

감정을 제거하고, 이성의 눈으로 세상을 바라보면 그제야 비로소 답이 나온다. 필요 이상으로 회사 동료들에게 자신의 감정을 나누어 줄 필요는 없다. 필요하다면 그들처럼 우리도 냉정해져야 한다. 그리고 필요하다면 다시 친하게 지내는 동료 사이로 되돌아가면 된다. 그뿐이다. 그 이상도 이하도 아니다. 그것은 불필요한 감정의 소비일 뿐이다.

회사는 직원에게 좋은 것을 싸게 주지 않는다

가끔씩 회사에서는 직원들을 대상으로 핸드폰을 싸게 구입하게 해 준다던지, 인터넷전화를 보다 싼 가격으로 구입하게 해 준다던지 하는 이벤트를 하기도 한다.

하지만 회사는 절대 직원에게 좋은 것을 싸게 주지 않는다. 그래서는 이익이 안 되기 때문이다. 회사는 직원들이 모르는 신제품 개발 전략이나 다른 계획들을 세워놓고, 그 계획을 실현하기 위해 직원을 이용한다. 다만 직원들이 그 작업에 동참하게 하기 위해서 직원들에게 싸게 주는 것처럼 보이게 하는 것일 뿐이다. 회사는 자신이 이익이 되는 일을 할 뿐이지 직원 개개인에게 이익을 되는 일을 하지는 않는다. 회사가 이익이 되는 일을 해서 그 돈으로 직원에게 월급이라는 제도를 통하여 돌려줄지언정, 직원 개개인에게 직접적으로 이익이 되는 일을 해 주지는 않는다.

회사에서 싸게 주는 것 같고, 직원 할인인 것 같아서 구입하고 나면, 몇 달 지나지 않아 꼭 신제품이 출시된다. 그리고 내가 산 그 제품은 시장에서 헐값에 팔리게 되고, 이쯤 되면 속았다는 생각이 든다. 다른 기업체들이 상품을 파는 진정한 목적은 그 기업의 이윤창출에 있는 것과 마찬가지로, 회사에서 내게 직접 물건을 팔았을 때, 내가 다니는 그 회사의 목적도 회사의 이윤창출에 있다. 다만 직원에게 파는 것이 다른 소비자에게 파는 것보다 더 쉽기 때문에 내부 직원을 활용하는 것뿐이다.

가끔씩은 이 모든 것을 알지만, 회사에서 파니까 부서에서 몇 명은 그냥 구입해야 하는 경우가 생긴다. 그땐 여기에 소요되는 내 비용도 다 월급을 받기 위해서 소요되는 비용이라고 생각하고 구입하면 된다.

회사에서 내게 좋은 물건을 싸게 주었다고 생각하는 순간, 얼마 지나지 않아 신제품이 나오는 순간, 당신은 진실을 깨달을 것이다. 처음부터 이게 내 월급을 위한 비용이라고 생각하는 것이 정신건강에 좋다.

100년 전만 하더라도 노예들은 농장에서 일했다. 오늘날에도 똑같은 이야기가 되풀이되고 있다. 수많은 사람들은 대기업, 군대, 정부조직에서 일한다. 이런 것들은 다른 형태의 농장일 뿐이다. 우리는 좋은 일자리를 얻기 위해 학교를 가지만 거기서는 부자를 위해 일하는 법, 부자 회사의 자금관리 하는 법, 부자 회사의 인력관리 하는 법 등만 가르친다. 어떻게 하면 부자가 될 수 있는지, 어떻게 하면 농장 주인이 될 수 있는지는 가르치지 않는다.

_로버트 기요사키, 〈부자들의 음모〉 중에서

외국계 기업은 정말 자유로울까?

외국계 기업은 한국기업들과 문화가 많이 다를까?

답은 "그럴 수도 있고, 아닐 수도 있다."이다. 외국계 기업의 경우 많은 경력자가 보다 자유로운 분위기, 자유로운 칼퇴근 등을 꿈꾸지만, 실상 많은 외국계 기업에서 이러한 일들이 실행되지 않고, 오히려 한국기업보다 더 보수적인 기업 문화를 가지고 있는 경우가 많다.

물론 굉장히 자유롭고, 우리의 상상에 부합하는 외국계 기업이 없지는 않다. 이런 기업은 어떤 기업일까?

일단 한국에 진입한 지 얼마 되지 않거나, 규모가 작은 경우에 보다 자유로운 문화를 가진 경우가 많다. 한국지사가 9명, 3명 정도 근무하는 조직인 경우 본인의 상급자가 한국에 없는 경우도 많다. 싱가포르, 홍콩 등 다른 아시아 국가에 있거나, 호주 등 다른 국가에 본인의 매니저가 근무하므로, 본인은 정말 한국에서 맡은 바 업무만 수행하면 되는 것이다. 눈치 볼 사람 한 명 없는 것이다.

다만, 이런 경우 모든 업무를 사수 없이 본인이 직접 배우고 익히며 진행해야 한다. 시니어급에서는 문제가 될 것이 없는 조건이지만, 만약 주니어급이고, 본인이 상급자로부터 많은 지도편달이 있는 것을 조직의 장점으로 여기며, 아직 어떤 조직의 업무 부분을 혼자서 책임지기에 버겁다고 느낄 때는 이러한 조직이 맞지 않을 수 있다.

그리고 이러한 형태의 조직인 경우 승진이 여의치 않을 때가 많다.

업무에 압박이 없고, 본인이 스스로 업무를 책임질 수 있는 전문성을 기르기에 좋은 환경이라고 생각한다고 해도, 고과와 채용을 담당하는 주체가 해외에 있는 경우가 많기 때문에 현지 직원들은 승진에서 많은 경우 배제된다.

심지어는 한국법인의 모든 성과를 본인이 거의 담당했던 A의 경우, 이러한 사유로 퇴사를 결심하자 그제야 본사에서는 연봉 인상, 승진 등의 당근을 꺼내들었지만, 이미 A의 마음은 떠났고, 결국 퇴사했다. 하지만 이런 조직인 경우에도 사실 본인의 업무가 어떤 스타일이냐에 따라 업무의 강도가 달라지는 경우가 많다.

A의 후임으로 입사한 B의 경우, 일을 몰고 다닌다는 후문. B 덕분에 함께 일하지만 다른 업무를 담당하는 C와 타 고객들도 관련되어 업무량이 소폭 늘어났다고 한다. A의 경우 분명 수년간 재직하면서 칼퇴근 했다고 하였으나, B의 경우 칼퇴근하는 날이 얼마 없다고 한다. 물론 칼퇴근 자체가 중요한 것이 아니라, 업무를 모두 마쳤는데도 눈치를 보면서 퇴근하지 못하는 문화가 문제일 것이다.

정리하자면, 일단 규모가 작거나, 한국에 진입한 지 얼마 안 되었거나 하여 본인의 상급자가 한국에 없는 경우 등의 외국계 기업에서는 본인의 능력 여하에 따라 충분히 칼퇴근이 가능하다. 하지만 한국에 진출한 지 오래되거나, 거대한 규모의 한국법인인 경우의 외국계 기업이라고 해도 사실 한국기업과 비슷한 경우가 많다.

다만, 업무에 영어 활용 빈도가 잦고, 해외 출장의 기회가 있으며,

영어 활용이 원활할 경우 많은 기회가 주어질 수 있다는 것이 이점일 뿐이다. 꽤 규모가 있으며, 한국법인이 아시아권 헤드로 활약하고 있고, 괜찮은 복지제도를 가지고 있는 한 외국계 기업에 입사한 P씨에 따르면, 이전의 한국기업이 더 자유로웠던 것 같다고 할 정도다.

그러므로 보편적으로 생각하는 외국계 기업의 자유로운 문화에 대한 환상은 담당 상급자가 한국에 없을 경우 가능한 상황으로, 외국인 상사에게 매일 보고 해야 하므로 이미 영어 활용능력이 아주 우수하며, 본인의 업무를 스스로 이끌어 갈 수 있는 능력자에 한해 주어진 자유라고 할 수 있을 것이다.

그렇지 않은 한국에 진출한 지 오래되고 규모가 큰 외국계 기업일 경우 이미 그곳에서 오랜 기간 일하고 있는 다수의 한국인들로 인해 한국기업과 별반 다르지 않은 문화를 가지고 있는 경우가 많다.

이러한 경우 단순히 외국계 기업이라는 환상보다는 본인의 경력 발전에 얼마나 도움이 될 수 있는 업무를 담당하는지 등을 판단하여 이직을 결정해야 할 것이다. 다만 영어를 익히고 사용하는 데에 도움이 될 수 있다는 것은 여전히 하나의 장점이 될 수 있을 것이다.

010

미래를 보는 방법: 가성비 좋은 투자 매뉴얼 _미래를 준비하기

사람에게 발생하는 문제의 종류 _돈의 중요성

사람을 고민에 빠지게 하고, 근심 걱정을 하게 하며, 심하면 우울증까지 앓게 하는 것에는 사실 많은 이유가 있지 않다. 삶이 복잡해 보이지만 그 양상과 원인의 귀결은 모두 그리 복잡하지 않듯이 우리가 가지고 있는 많은 고민들의 원인을 찾아 들어가면 대개 그것은 두 가지로 압축된다. 바로 사람과 돈이다.

각기 다른 문제의 양상에 따라 그 원인도 모두 다를 것이라 생각하지만, 따지고 보면 사람과 돈 이외에 다른 원인으로 인해 문제가 발생하는 경우는 많지 않다. 물론 돈의 문제도 결국은 사람으로 귀결되는 경우가 많지만, 어쨌든 돈은 문제의 가장 중요한 포인트 중의 하나이다.

사람으로 발생한 돈 문제라고 해도, 또 돈을 해결하게 되면 풀리게 되는 경우가 많다.

이렇듯 돈이 인생에서 차지하는 비중은 어마어마하다. 돈은 사람을 행복하게도 하며, 때론 불행하게도 하며, 심하면 우울증에 빠지게 하기도 하고, 더 심각한 경우 목숨을 끊게 하기도 한다. 이렇게 중요한 부분을 차지 하지만, 대개의 경우 돈과 관련하여 힘든 과정을 겪지 않은 사람들은 돈의 중요성을 막연하게만 생각하고 있는 경우도 많다. “돈이 그렇게 중요해?”라고 하면서 말이다.

드라마틱한 사건들을 인생에서 보듬어 보지 않은, 보통의 중산층 가정에서 나고 자란 사람들의 경우, 취업 시까지 돈에 대해서 별다른 어려움을 겪지 않고 자랄 수 있을 것이다. 어릴 때야 부모님께서 주시는 용돈을 가지고 자랐고, 대학 때도 부모님이 주시는 용돈에, 부족하면 다양한 아르바이트 자리를 이용해서 필요한 돈을 벌었을 것이다. 그리고 몇몇의 경우에는 이미 학생 때부터 여러 가지 방법으로 재테크, 저축까지 해 본 경험이 있을 것이다.

사회에 나온 이후, (그다지 사치스러운 생활을 영위하지 않는다면) 회사에서는 어쨌든 한 달 동안 내가 쓰고 남을 정도의 돈을 준다. 이렇게 생활을 하다보면, 돈이 없어서 힘들었던 생활을 겪지 않고 성장하게 되고, 돈이 중요하다는 것을 이야기는 하지만, 그저 피상적으로 밖에 느낄 수 없게 된다. (또는 아주 과장하여 “돈이 전부야!” 하는 경우도 있을 것이다.)

문제는 이렇게 성장한 후 돈을 자신이 관리해야 하는 시점이 오면 생각보다 많은 유혹에 흔들리기 쉽다는 것이다. 그리고 혹시나 유혹에 흔들려서 자신이 버는 수준보다 더 많은 돈을 쓰게 되어 힘들어진 시점이 오면, 그제야 돈의 중요성을 절실하게 깨닫게 된다. 물론 이때 느끼는 것은 막연하게 생각해 왔던 이전의 것과는 분명히 다른 것이며, 그러하기에 이러한 경험도 인생에 유효하게 작용할 수 있다. (5개 국어에 능숙한 언어천재로 알려진 조승연 작가는 첫 책 〈공부 기술〉이 소위 대박이 나고, 7억 원 정도의 수입이 생겼는데, 이리저리 다 없어졌다고 한다. 물론 그는 그 이전에도 충분히 가난에 대하여 온몸으로 체득했던 사람이지만, 그렇게 번 돈을 다 써버린 경험을 통해서도 느낀 것이 있을 것이다. 아쉽지만, 그래도 이런 경험마저 인생에서 유용할 수 있다는 것이다.)

다만 문제가 있다면 이를 잘 대처하고 이겨내서 새로운 국면을 맞이해야 하며, 문제가 없다면 감사히 생각하고, 앞으로 문제가 발생하지 않도록 만반의 준비를 하고 있어야 한다. 돈에 있어서도 마찬가지이다. 만약 부모님의 도움으로, 아니면 다른 것들로 인하여 감사하게도 돈에 대해서 그다지 많은 걱정을 하지 않고 살 수 있었다면, 다른 사람보다 돈에 대해서 훨씬 더 경각심을 가지고 있어야 유혹에 흔들리지 않을 수 있다. 돈은 그냥 주어지는 것이 아니며, 이것이 없거나 부족할 경우 우리의 삶을 송두리째 흔들어 놓을 수 있는 강력한 것이다.

돈을 벌면서 때때로 강력한 유혹이 여러 가지 형태로 다가온다. 그리고 많은 사람들이 이 과정에서 사기를 당하고 좌절하며, 자신의 커리어에도 크게 영향을 받는다. 우리는 이때를 대비해야 한다.

경제적 자유 지키기

나는 내가 스스로 돈을 벌게 되면서, 하고 싶은 것도 할 수 있는 것도 많아졌다. 하고 싶다고 모든 것을 다 할 수는 없겠지만, 돈을 벌게 되면, 그렇지 않았던 이전보다 할 수 있는 것이 분명히 많아진다. (어린 아이들은 보통 자신이 갖고 싶은 것이 있으면, 부모님의 사정에는 상관없이 그 물건을 사달라고 조른다. 만약 내가 하고 싶은 것을 모두 해야 한다는 생각에, 내가 하고 싶은 것을 다하지 못했다는 생각에, 세상이 조금 불공평하다는 생각이 든다면, 자신이 어린 아이와 같은 것은 아닌가 한번 생각해 봐야 한다. 세상은 내가 가지고 싶다고, 내가 그것을 하고 싶다고, 내게 그 모든 것을 허락하지 않는다. 세상은 내가 원하는 것이 아니라, 내가 할 수 있는 것만 내게 허락한다.)

보통의 집에서 자라온 평범한 가정의 자녀인 경우, 부모님 밑에서 용돈을 받던 처지에서 자신의 힘으로 돈을 벌게 되면 일단 부모님으로부터 경제적인 자유를 얻게 된다.

대학교에 진학하면서부터 부모님과 떨어져서 자신만의 보금자리를 구축하여 지낸 경우라고 하여도, 부모님께 용돈을 받고 있다면, 진정한 독립이라고 할 수 없다. 나는 나에게 돈을 주는 사람에게 몸과 마음이 일정 부분 종속될 수밖에 없다. (그래서 우리가 회사에서 때로는 힘든 일이 있어도, 부당한 일이 있어도 그냥 지낼 수밖에 없는 처지에 놓이는 경우도 생기는 것이다. 회사는 우리에게 돈을 주기 때문이다.)

하지만, 우리 힘으로 돈을 벌기 시작하면서부터 부모님으로부터 경제적 독립을 하게 되고, 이것은 부모님으로부터 진정한 자유를 얻게 된 것을 뜻한다. 하지만, 자유는 그것을 누릴 수 있는 능력이 있고, 자격이 되는 사람만이 누릴 수 있는 것이다.

자유를 누릴 수 있는 자격이 없는 사람들은 갑자기 생긴 경제적 자유에 길을 잃고 헤맬 수 있다. 갑자기 생긴 돈을 어떻게 써야 할지 몰라서, 자기계발의 명목으로 그다지 필요 없는 책들을 다량으로 구매하는 데에 돈을 써버릴 수도 있고, 그동안 너무 아껴 살아왔으니 이제는 조금 사치를 누려도 된다는 생각에 명품을 구매하기도 하고, 상당한 비용의 해외여행을 과감히 시도하기도 한다.

물론 이러한 것들은 절대 나쁘지 않다. 열심히 고생한 사람은 그만큼의 보상을 누려도 된다. 단, 중요한 것은 보상을 받은 뒤에는 다시 열심히 고생을 해야 한다. 그리고 그 다음의 보상을 다시 한번 기다려야 한다.

그런데 이런 코스가 제대로 밟아지지 않은 채 보상만을 계속하다 보면, 결국은 아무것도 남지 않게 되는 것이다. 자유를 지킬만한 능력이 없는 사람은 자신에게 굴러온 경제적 자유라는 보물을 자신의 방종으로 인해 결국은 지키지 못하게 된다.

자유는 아무에게나 오는 것이 아니며 그만한 자격이 있는 사람에게만 주어지는 것이다. 그리고 자본주의 사회에서 돈이 주는 자유로움은 그 어떤 것에도 비할 바가 못 된다. 열심히 노력해서 경제적인 자유가 자신에게 왔다면 필사적으로 그것을 지켜내야 한다. 자신에게 주어진 경제적인 자유를 도가 지나치게 만끽하다 보면 언젠가 다시 그것이 거둬들여지는 날이 오게 될 것이다.

당신은 지금 무엇에 투자하고 있습니까?

돈을 벌기 시작하면서 이전보다 많은 것을 할 수 있다는 사실에 꿈에 부푼다. 학생시절보다 많은 돈을 만질 수 있게 되며, 어떤 경우 자신의 지출 규모에 비해 더 큰 돈을 회사에서 주기도 한다. 자신의 지출 규모보다 더 많은 돈을 받게 되는 사람들은 저축하기 시작하고, 대체로 많은 사람들은 이때서야 처음으로 재테크라는 것을 시작하게 된다.

세상에서 돈이 할 수 있는 것은 아주 많다. 돈은 정말 아주 많은 수의 일들을 해낼 수 있다. 돈을 버는 것도 중요하고, 그 돈으로 무언가를 이루기 위해 돈을 쓰는 것도 중요하다. 여기서 돈을 얼마만큼이나 어디에 쓰느냐는 오히려 버는 것보다 더 중요할 수 있다. 왜냐하면, 돈을 버는 것은 이미 이루어진 과거의 일일 뿐이지만, 돈을 어떻게 쓰느냐는 미래의 일로써 향후 자신의 인생의 방향을 달라지게 할 수 있기 때문이다.

많은 사람들이 자주 듣는 이야기 중의 하나이겠지만, 우리가 돈을 투자하면서는, 어떤 항목에 투자해야 가장 많은 이익을 낼 수 있는지를 생각해야 한다. 가장 믿을 수 있는 자산, 내 돈을 안전하게 불려줄 수 있는 자산은 무엇일까?

내 돈을 안전하게 보관하고, 또 증식할 수 있으려면, 투자액 대비 수익률이 높아야 함은 물론이고, 유동성이 높아야 하고, 환금성이 좋아야 할 것이다.

이러한 점들을 모두 고려한다면 젊은 시절에 가장 중요한 투자처는 다른 무엇보다 자기 자신이다. 누가 가져갈 수 없는, 그리고 필요하다면 언제든지 환가할 수 있는 자기 자신에 투자해야 한다.

단, 자기 자신에게 투자할 때도, 장기적인 투자와 단기적인 투자를 골고루 안배해야 할 것이다. 장기적인 투자만을 실시하여 단기적으로 환가가 불가능해서는 안 되고, 단기적인 투자만을 실시하여 장기적으로 발전하는 자신의 모습을 살펴보는 것이 어려워서도 안 된다.

자기 자신에게 투자하는 것은 그 어떤 상황에서도 누가 가져갈 수 없다는 것이 가장 매력적이다. 완전히 내 것이 되는 것이다. 그리고 내 몸과 내 지식에 대한 투자에 있어서 가장 중요한 것은 나 자신의 가치를 높여 우리가 당당하게 세상을 살아갈 수 있는 자신감을 부여해 준다는 것이다.

그러면 돈을 어떻게 쓰고 어디에 투자해야 할까? 나는 지금 버는 돈을 어디에 투자하고 있는가? 무엇보다 가장 중요한 투자처는 자신 자신임을, 자신의 몸과 자신의 지식에 투자하는 것임을 잊지 말아야 할 것이다. (만약 당신의 연봉이 5천만 원이라면 연이율 5%로 계산했을 때 당신은 이미 10억 원의 자산을 가지고 있는 것과 같고, 연이율 2%라면 25억 원의 자산을 가지고 있는 것과 같다. 그리고 만약 연봉 5천만 원인 당신이 열심히 자신에게 투자하고 공부해서 연봉이 1억 원이 된다면, 연이율 5%일 때는 20억 원, 연이율이 2%일 때는 50억 원의 자산을 가지고 있는 것과 같게 된다.)

우리는 돈이 없으면 재테크 못 하는 줄 알아요. 그런데 돈이 없어도 가능한 재테크가 있어요. 바로 나의 가치를 높여가는 거예요. 그러니 돈 많은 사람을 부러워하고 속상해할 필요가 전혀 없어요. 지금부터라도 나라는 자산을 키우기 위해 열심히 공부에 투자하는 것, 가장 확실한 재테크 방법입니다.

_김미경, 〈이 한마디가 나를 살렸다〉 중에서

P.S

과거의 성공에 안주하고 있는 당신에게

과거의 성공에 너무 오랫동안 취해 있어서는 안 된다. 축배를 들었다면 이제 어서 깨어나자.

1. 어릴 땐 누구나 신동이다

어릴 때는 누구나 신동이라지만, 심지어는 나도 그랬다. 초등 6년 내내 반장 부반장 등을 거르지 않고 했고, 6학년 마지막 졸업식 날 1등상을 받았다. 그리고 근처의 중학교에 입학하는 날 한 학년당 총 8개 반으로 편성된 약 400명의 입학생들 중에서 나는 수석입학생으로 입학생 선서를 했고, 그날 우리 아버지께서는 친구분들을 동원해서 꽃바구니를 들고 내 입학식에 오셨다.

졸업식도 아니고, 오시지 않는 부모님들도 많은 입학식 날, 아버지는 친구분들까지 대동해서 오신 것이다. 초등학교를 수석으로 졸업하고, 입학할 중학교에서 수석입학생이라고 집으로 전화가 오던 날, 그리고 입학식 날 입학생 선서와 꽃다발을 받고 난 이후, 중학교 생활 내내 나는 선생님들과 학생들의 관심을 받게 됐다.

2. 성공에서 얼른 깨어나기

나의 문제는 어릴 때 성공에 취해 있었던 것에 있었다. (물론 이런 사실이 너무 어릴 때의 것이라는 게 더 큰 문제이기는 하다.) 어릴 때야 노는 듯 공부해도 그런 방식이 통하는 때였고, 난 그걸 계속해서 즐겼다. 지금 생각하면 약간 우습지만, 난 놀기도 잘하고, 공부도 잘하고 싶었다.

그런데 중학교 3년이 지나가면서 노는 듯 공부하던 방식이 더 이상 통하지 않았고, 입학식 날 꽃바구니를 들고 오셨던 아버지의 그 기대를 그만큼 많이 충분히 지켜 드리지 못했다.

그리고 대학에 진학하고, 공부하고, 취업시장에 나오고, 일하는 과정을 지나오면서, 세상에는 정말 똑똑하고 멋진 사람들이 많다는 것을 알게 됐다.

3. 초창기의 성공을 딛고 일어나기

문제는 자신이 이룬 것에 취해버리는 것에 있다. 자신이 이룬 성공에 취하게 되면 그 사람의 발전은 바로 그 시점에서 끝나게 된다.

물론 성공도 습관이기에 무언가를 이뤄 본 경험이 있는 사람은 그렇지 않은 사람보다 다시 또 무언가를 이루기에 아주 유리한 고지에 있다.

그런데 이렇게 성공을 습관화하기에 가장 필요한 것은 자신이 이룬 과거의 것들을 아주 대단한 것이 아니라, 누구의 인생에든지 한 번쯤은 있을 수 있는 것으로 당연하게 여기는 마음가짐에 있을 것이다. 과거의 성공경험들을 되새기며, 그것에 취한다면, 그 이후에 내가 할 수 있는 것은 과거의 성공에 한정되어 버릴 수밖에 없다.

어릴 땐 누구나 신동이다. 젊을 때 초창기의 성공은 누구에게나 주어진다. 누구나 한 번쯤은 성공을 맛본다. 내가 잘난 것도 같고, 그렇게 기분 좋은 시기도 인생에 한 번은 있다.

중요한 것은 누가 그것을 더 빨리 딛고 일어서느냐에 있다. 자신이 과거에 이뤘던 것들은 그저 과거일 뿐이다. 그것이 어제가 됐든 1년 전이 됐든 그저 예전에 내게 있었던 일일 뿐이며, 내 안에 내재되어 있는 나를 구성하는 하나의 당연한 에피소드에 불과한 것이다.

그것이 어느 정도의 성공이든지, 당연한 것, 그저 내가 이룰 수 있을 정도의 소소한 것으로 생각하는 순간 또 다른 기회를 맞이할 수 있다. 하나의 성공 후에 우리는 다시 내일을 도모해야 한다.

4. 경험의 추가

삼성에서 근무하던 시절, 당시 매출 2조 6천억 원, 영업이익 3십억 원이 넘는 계열사의 손익을 담당하면서, 한 번은 "내가 이렇게 강남 한복판에서 이런 큰 기업의 돈을 만지고 있다니……" 하는 생각을 한 적이 있다. 아주 잠깐이지만, 그리고 금방 빠져나오긴 했지만, 그 찰나 동안 난 그 당시 내가 하던 일에 취했었다.

과거에 이뤘던 모든 것들은 오늘의 우리를 구성하는 하나의 요소가 된다. 그러므로 그것은 이미 내가 되었으므로, 어느 것을 이룬 순간, 그것은 이제 내게 있어 당연한 것이 된다.

어느 것을 경험해 본 사람은 경험해 보지 못한 사람에 비해 우위에 있게 된다. 왜냐하면 어떤 것을 경험해 본 사람은 이미 그것을 당연하게 생각하고, 그저 평범한 사람들의 평범한 삶의 일부분으로 인식하고 다음을 바라보게 되지만, 그것을 가져본 적이 없는 사람들에게는 피상적인 욕망에 불과하기 때문이다.

무언가를 위해 도전하고, 그것을 이룬 순간 다시 그것을 당연하게 생각하며, 다시 앞으로 나아가는 과정을 반복하면서 인생의 경험들을 하나씩 추가해 나가는 동안, 우리는 우리 인생관이 점차 발전적으로 변해가는 것을 감지할 수 있을 것이다.

뱀은 늙고 쭈그러들고 악취를 풍기기 시작한다는 것을 감지하면, 두 개의 돌이 겹쳐 있는 곳을 찾아갑니다. 뱀은 묵은 껍질이 완전히 벗겨지고, 그 밑에서 새로운 껍질이 자라날 수 있도록 매우 협소한 돌 틈새를 통과함으로써 자신을 갈고 닦습니다. 인간도 자신의 묵은 껍질을 바로 그렇게 해야 할 것입니다.

_안셀름 그륀, 〈내 나이 마흔〉 중에서

나의 커리어를 빛나게 하는 4가지 로드맵

ROAD MAP
3

헤드헌터가 알려주는 이직의 기술

011

사람들은 왜 이직을 하는가?

이직을 하기 전 생각해야 할 것들

목표는 버티는 것. 살아남는 것

어디서 맨 처음 들었는지 알 수 없지만, 늘 회자되는 말이라 기억에 남는 말 중에 이런 말이 있다. 이제는 아주 유명한 "강한 자가 살아남는 것이 아니라 살아남는 자가 강한 것이다."라는 말.

살면서 수많은 위기의 순간을 건넌다. 그런 날 없이 순탄하게만 흘러가는 인생은 없다. 그러니 타인의 비극을 보면서 "나는 저 정도는 아니네." 하면서 위안할 필요도 없고, 타인의 행복을 보면서 "나는 언제 저렇게 되나." 하면서 부러워할 필요도 없다.

그냥, 그런 거다. 인생은. 그냥, 이렇게도 흘러가고, 저렇게도 흘러가고. 그냥 그런 거. 아무렇지도 않은 거. 그냥 결국은 살다 보면 한 줌의 재로 돌아가서, 땅속에 묻히든지, 나무 위에 뿌려지든지, 배를 타고 나가 바다에 뿌려지든지, 아니면 어느 한 골방에 들어서서 항아리에 담겨지든지 한다.

그러므로 그냥 그렇다, 모든 게.

일희일비 하지 않는 것

물론 그렇다 하더라도, 어쨌든 살아 있는 순간은 살아야 하니, 어떻게 살아야 하는지를 논한다면, 나는 그 가장 큰 원리는 "일희일비 하지 않는 것에 있다."고 생각한다.

어떤 에피소드에도 담담할 것. 그저 버티는 것. 목표 없이 그냥 흘러가라고 말하는 것은 아니다. 목표를 세우는 것이 부질없는 것은 아닐 것이다. 목적이 있는 삶, 꿈과 소망은 늘상 필요한 것이나, 그 과정 중에 일어나는 수많은 일들에 대해서 일희일비 하지 않고, 또 그 목적이 언제 달성되는가에 대해서 연연하지 않아야 한다는 것을 말하는 것이다.

좋은 날에도 그저 담담하고, 나쁜 날에도 그저 담담하고. 그저 버티는 것이다. 살아남는 것을 목표로 하면서.

목표로 세운 구체적인 실행 사항들을 해 나가면서, 우리는 버티면서 살아남아야 하고, 최선을 다해야 한다. 다만 그 결과에 연연하지 않는 것을 말하는 것이다. 최선을 다해 행동에 임하고, 실천하되 그 모든 것의 결정권자는 내가 아님을 인정하는 것이다. 나는 그저 열심히 최선을 다하는 것에 만족할 뿐. 어떤 것이 이루어지고 그렇지 않음에는 관여할 권리가 없다. 그것은 이 세상을 만드신 창조주의 것이고, 내 인생을 주관하는 신의 것이다.

그대는 다만 작가의 의도대로 연극 속에 등장하는 배우에 불과하다는 것을 명심하십시오. 작가가 단막극을 쓰면 짧은 생을 사는 것이고, 장막극을 쓰면 조금 오래 사는 것입니다.
가난뱅이 역을 맡으라고 하면 기꺼이 그 역할을 잘할 수 있도록 노력하십시오. 절름발이, 지도자, 혹은 평범한 시민의 역할을 줄 수도 있겠지요. 그대가 할 일은 주어진 배역을 온 힘을 다해 연기하는 것입니다. 배역을 선택하는 것은 우리가 할 수 있는 일이 아닙니다.

_에픽테토스, 〈자유와 행복에 이르는 삶의 기술〉 중에서

이직을 생각하기 전 버티기

수많은 이력서를 보다 보면 사실 이직 사유의 숨겨진 이면에 "인간관계, 상사와의 트러블, 회사의 부당한 처사"가 있음을 알고 있다. 너무 개인적인 조언으로 보일까 싶어, 일로 만난 많은 사람들에게 이런 이야기를 구체적으로 할 수는 없지만 사실 내가 하고 싶은 가장 궁극적인 말은 이것이다.

"버티라. 버티다 버티다 안 되면 이직은 그때 생각하는 것."

물론 이직이 정말 필요한 순간인지에 대해서는 구체적인 상황을 더 봐야 하겠지만, 일차적으로는 버티는 것을 먼저 생각하는 것이 필요하다는 것이다.

지금 직장에서 버티는 것도 필요하고, 가능한 한 경력 단절이 되지 않도록 커리어의 세계에서 버티는 것도 필요하다. 그렇게 버티다 보면, 언젠가는 살아남아 강자가 되는 순간도 올 것이고, 또 언젠가는 지금보다 더 환하게 웃는 날도 올 것으로 믿는다.

012

당신이 이직을 해야 하는 이유

그럼에도 불구하고, 당신에게 이직이 필요한 이유

당연히 너무 잦은 이직은 권장사항이 아니다. 그러나 한 직장에서 너무 오랜 기간 근무하는 것도 바람직하지 않을 수 있다. 이유는 이렇다.

1. 평생직장은 없다. 회사에서 나를 책임져 주지 않는다.
2. 그렇다면 언젠가는 회사에서 내쫓기거나, 임원이 되지 못하거나, 기타의 사유로 이직을 해야 하는데, 그때 새로운 회사에서는 한 번의 이직도 없이 한 회사에서만 근무했던 사람을 그리 선호하지는 않는다. 한 회사에서 오랜 기간 근무한 이력 자체로야 우수하지만, 그런 사람도 의외로 새롭게 이직한 회사에서는 짧게 근무하고 퇴사하는 경우가 또 많기 때문

이다. 새로운 환경에 적응하는 것도 꾸준히 단련된 사람만이 무난하게 할 수 있는 법이기 때문이다.

3. 그렇다고 몇 개월 단위 이직, 1년 단위 이직이 있는 사람은 더 선호되지 않는다. 최소 3년 이상, 5년 정도의 이력을 한 회사에서 보유하고 이직하는 것이 바람직하다.

어떤 한 기업이 성장하려면 지속적인 유기적 성장도 필요하지만, 어느 시점에 이르러서는 한 번에 큰 도약을 해야 하는 시점이 필요하다. 보통은 M&A 등을 통하여 기업이 성장하고, 사업을 확대하여 변화하는 환경에 맞추어 적응하려는 노력을 하는 경우가 많다.

이것은 개인적인 관점에서도 마찬가지이다. 매일 습관을 기르고, 작은 습관들로 유기적으로 점차적인 성장을 도모하되, 준비가 되었을 경우 한 번의 큰 점프가 필요하다. 그리고 그것은 '이직'이라는 도구를 통해 실현할 수 있다.

이직을 준비하는 사람은 그렇지 않은 사람에 비해 지속적으로 자신을 상품화하기 위해서 노력하게 된다. 자신의 시장가치를 끊임없이 점검하고, 조금이라도 값을 올려서 팔기 위해 고민하는 것이다. 자연스레 내가 속한 분야의 최신 트렌드에 민감하게 될 것이고, 내가 보유한 기술을 증명하기 위해 재직 중인 직장에서도 새로운 전망 있는 부서에 전배를 고려하기도 할 것이다. 이러한 과정을 통해 직장인으로 성장하게 되고, 이직에도 유리한 상황을 만들어 갈 수 있다.

평생직장?

우리가 가장 안정적이라고 생각한 곳이 실은 가장 불안정한 곳일 수도 있음을 명심해야 한다. 내가 믿었던 그 '평생직장'이 혹여나 그렇지 않은 곳으로 판명 나는 순간, 평소에 이직을 준비하지 않았던 직장인은 갈 곳을 잃고 방황하게 된다. 그리고 그것은 인생에서 손에 꼽을 수 있을 시련으로 다가올 수도 있을 것이다. (갑자기 들어오는 수입이 끊기는 것은 평범한 생활인에게 거의 '재앙'일 것이다.)

끊임없이 변화하지 않는 사람에게 세상은 가장 가혹한 곳이다. 그러므로 우리는 늘 어떤 것을 새로 도입한 후 안정화가 되면 다른 새로운 것을 도입하거나, 아니라면 지금 있는 곳에서라도 변화를 추진해야 한다.

나를 책임져 주는 회사는 없으며, 오로지 나만 나를 책임지기 때문이다. 내 스스로가 부단히 변화하지 않으면 아무도 나를 지켜 주지 않는다는 사실을 늘 가슴에 두고 있어야 한다. 내가 가진 것을 지키는 것은 쉽지 않다. 내가 지금 가지고 있는 것을 지키는 유일한 방법은 지금 가지고 있는 것을 더 나은 모습으로 발전시키는 것 외에는 없다.

Q13

인생은 타이밍!
이직시점 파악하는 법

이직 신호 1

_회사에서 4대보험에 가입해 주지 않은 사실을 이제야 알았어요

간혹 중소기업에서 직원의 4대보험을 가입하지 않는 경우들이 있다. 이 일을 주니어급에서는 별로 큰 문제로 생각하지 않는 경우가 있는데 절대 그렇지 않다. 헤드헌팅 진행을 하면서, 이력서상에 기재된 이력 검증을 위해 후보자에게 국민연금가입증명서를 요구하여 확인하면, 간혹 (사실 아주 자주) 이력서상에 기재된 내용과 국민연금가입증명서상의 내용이 다른 경우가 있다.

국민연금가입증명서를 전체기간 조회로 하여 발급하면 각 개인이 (4대보험이 적용되는 기간 동안) 근무했던 기업과 근무 기간이 나타나게 된다. 그런데 이렇게 확인했을 경우에 후보자가 작성하여 제출한 이력서상의 내용과 비교하여, 재직했던 기업명이 다르고 재직 기간이 다른 경우가 많다. 간혹 파견 등으로 근무했으나, 이를 이력서에 밝히지 않은 경우 국민연금가입증명서를 발급받아 확인하면 이러한 내용도 여실히 드러나게 된다. (그러므로 이력서 허위기재는 금물이다. 특히 헤드헌팅을 통해서 진행할 경우는 더욱 그렇다.)

> "회사에서 4대보험 가입을 안 해 줬던 것을 나중에 알았어요. 그래서 나중에 요구해서 가입이 되기는 했는데, 그게 그 이후에 퇴사를 결정하게 된 것에도 많은 영향을 끼쳤죠."

이렇게 말하는 경우에도 어쩔 수 없이 재직기간에서 몇 개월 차이가 있지만, 그래도 다행이다. 후보자가 4대보험 적용의 중요성을 인지하고 있기 때문이다.

하지만 이렇게 말하는 후보자들도 있다.

> "이번에 국민연금가입증명서 발급 받아 보고 나서 4대보험이 안 되어 있던 것을 알았어요. 그런데 이런 게 많이 중요한가요?"

이런 경우 이 후보자가 이력서상에 기재한 대로 실제로 그 기업에 근무했는가는 확인할 수 없는 정보가 되어 신빙성이 아주 저하되게 된다. 연봉에 있어서도 "현금으로 받아서요." 등의 사유로 원천징수 내역서에 나타나지 않는 경우가 많은데, 이럴 때 지원자가 주장하는 최종연봉금액이 모두 받아들여지기 힘든 것과 같은 이치이다.

만약 현재 재직 중인 회사에서 4대보험 적용이 안 되는 경우, 회사에서 무슨 일이 생겨 다쳐도 아무런 보상을 받을 수 없으며, 퇴사 시에 실업급여를 수령하는 데에도 문제가 생긴다. 그리고 국민연금의 경우, 근로자가 50%, 기업이 50%의 금액을 지급하게 되어 있는데, 추후 나이가 들어 국민연금을 수령하게 될 때도 불이익을 보게 될 것은 자명하다. (여러 논란이 있지만 국민연금은 물가상승률이 반영되고, 국가가 종신토록 보장하는 연금으로 현존하는 노후 대비 상품 중 가장 좋은 노후 대비 방법이다. 재원 고갈 등의 문제가 늘 이슈로 나오고 있기는 하지만, 민간 보험사들이 내 놓은 각종 개인연금들에 비해서는 그래도 현재까지는 가장 최선이라 할 것이다. 그런데 4대보험(건강보험, 고용보험, 산재보험, 국민연금) 가입이 안 되어 있을 경우 이러한 노후 대비에도 문제가 생길 수 있음을 직시해야 한다.)

요즈음의 구직자들은 입사 후 근로계약서를 조금 늦게 작성하는 것에도 민감하게 반응하는 경우가 많지만, 또 의외로 이러한 사항에 대수롭지 않게 반응하는 경우도 있다. 하지만 4대보험이 적용되지 않을 경우 사실 먼 미래의 노후나 아직 생기지도 않은 산재 등의 걱정보다 더 시급한 문제는 당면한 이직에서 불이익을 볼 수 있다는 사실이다.

이전 회사에서 4대보험 적용이 되지 않았을 경우, 새로 이직할 회사에 신빙성 있게 본인의 경력을 증빙할 수 있는 방법은 없다. 국민연금가입증명서는 각 기업에서 발행하는 경력증명서보다 훨씬 더 강력한 경력 증빙수단이 되기 때문이다.

그러므로 현재 다니는 직장에서 혹여라도 4대보험 적용이 되지 않고 있는지 다시 한번 확인하고, 만약 4대보험 적용이 되지 않고 있다면 지금이라도 당당하게 요구해야 한다.

"4대보험 적용해 주십시오."

이직 신호 2
_회사에서 급여가 밀리고 있어요

간혹 회사에 대한 의리를 지켜야 한다는 사람들이 있다. 그리고 그런 사람들에게 나는 이런 말을 건네준다. "지원자께서 회사에 대한 의리를 지키지만, 회사는 지원자께 의리를 지키지 않아요. 살아 있는 회사에서 이직을 준비하는 것이, 없어진 회사에서 이직을 준비하는 것보다 훨씬 더 유리해요."

현재 재직 중인 기업에서 급여가 밀리고 있다면 이것은 어서 이직을 준비해야 하는 이직의 신호로 생각해야 한다. 그냥저냥 알아보고 준비하기 귀찮아서 타성에 젖어 시간을 보내면서, 회사에 대한 의리를 지키는 것이라고 포장하는 순간, 내 인생에 대한 의리를 지키지 못할 수 있다.

이직 신호 3
_부당해고(업무과중, 연봉 삭감, 지방 이전 발령, 권고사직 등)에 대처하는 자세

이력서를 허위기재하는 (아주 많은) 지원자들만큼이나 사실 악덕 기업주, 불량 기업들도 많다. 취업시장에서 상대적으로 불리한 위치에 있는 약자를 보호하는 제도나 법률이 부족하기도 하겠거니와, 이런 부분이 개선된다고 해도 이를 준수하는 것은 또 다른 차원의 문제이기 때문이다.

전태일 열사가 분신하며 외쳤던 말이 "근로기준법을 준수하라!"였음을 기억해야 한다. 그는 "근로기준법을 개정하라." 또는 "근로기준법을 만들라."라고 외치지 않았다. 이미 있는 「근로기준법」만 제대로 준수하는 기업만 되어도 훌륭한 것이다.

물론 상대적으로 강자의 입장에서는 법을 준수하는 범위 내에서 '합법적으로' 자신의 의사를, '불합리'한 방법으로 개진할 수 있는 충분한 방법이 존재한다. 결혼이라는 계약이 파기되는 이혼의 과정에서도 힘이 더 큰 편에서, 본인보다 힘이 더 부족한 상대를 '유책 배우자'로 만들어서 이혼을 쉽게 또는 유리하게 만드는 것은 얼마든지 가능한 것과 마찬가지이다.

그래서 계약을 체결하는 과정과 내용도 중요하지만, 계약 당사자가 어떤 상대인지가 훨씬 더 중요하다. 기업 입장에서 아무리 업무에 전문성이 있고, 스펙이 훌륭한 후보자라도 인성이 좋지 않다면 진행하지 않아야 하는 것처럼, 지원자 입장에서 보았을 때 아무리 비전이 있어 보이는 기업이라도 대표이사의 성향이 별로이거나 기업의 제도가 받쳐주지 않는다면 그 기업에 입사해서는 안 된다.

헤드헌팅을 진행하면서 후보자들의 퇴사 사유를 듣다 보면, 부당해고, 업무과중, 연봉 삭감, 부당한 지방발령 등 일견 후보자와의 과실과는 상관이 없어 보이는 이유들도 상당히 많다. (양측의 의견을 다 들어봐야 하긴 하겠지만) 이야기를 듣다 보면, 어쩔 수 없는 상황에서 전 직장으로부터 상당히 불합리한 처분을 받았고, 억울한 상태에서 퇴사한 사람도 꽤 많다.

그런데 아무리 그런 경우라도, 새롭게 이직하고자 하는 기업에서 면접을 보면서 이러한 내용을 그대로 이야기했다가는 그다지 좋지 않은 반응을 맞닥뜨리기 마련이다. 그들도 지원자의 말을 이해하지 못하는 것은 아니지만, 면접장에서 그들은 한 기업의 대표로서 당신을 만나고 있는 것이고, 후보자인 당신보다는 당신이 다녔던 전 회사 대표의 마음에 더 감정 이입하게 될 수 있기 때문이다. 비록 당신의 이전 회사의 대표가 바람직하지 않은 행동을 했다고 해도, 그렇다.

지원자 입장에서 보았을 때, 분명 회사의 부당한 처사로 억울하게 퇴사하게 된 경우로 보이는 권고사직, 연봉 삭감, 업무과중, 부당한 지방발령 등의 경우에도, 회사 대표의 입장을 들어보면 그들도 나름의 할 이야기가 있는 경우가 많다. (물론 case by case이겠지만) 다 그만한 사정이 있다. 기업을 살리기 위한 어쩔 수 없는 처사였다는 것이다.

이력서에 기재된 이력이 훌륭해 보여서 일단 채용은 했으나, 실제로 일을 시켜보니 그만한 성과를 못 내는 경우, 그를 계속 데리고 있을 수가 없다는 것이다. 그의 부인을 알고, 그의 아이들을 알고, 그의 가정에 대해 다 알고 있는 경우에도, 그가 이번 해고로 인해 어떤 고통과 아픔을 겪을지 다 알고 있는 경우에도, 그를 해고하는 것은 기업을 살리기 위해서 아무리 가슴 아파도 해야 할 일이라는 것이다.

그래서 기업의 대표는 눈물을 머금고 그를 내보기 위한 작업을 한다. 그냥 나가라고 하면 부당해고가 될 테니, 최대한 부당해고에 속하지 않는 범위 내에서 작업을 한다. 그의 연봉을 10% 삭감한다. 그래도 안 되면 10%를 더 깎는다. 그래도 안 되면 지금까지의 부서와는 완전히 다른 부서 또는 멀리 그의 연고가 없는 지방의 사업장으로 발령을 내는 것이다. 그러면 그날 사직서가 올라온다.

이렇게 해서 퇴사를 시키고 새로운 인력을 채용한다. 왜냐하면 사장은 한 기업의 대표로서 기업을 살리는 것이 무엇보다 더 중요하기 때문이다.

또한 기업의 사장들은 하루도 쉬지 않고 일하는 것이 일상인 사람이 많으므로, 근로자들이 업무과중을 불평하는 것에 대하여도 모르고 있는 경우도 많다. 물론 많은 기업 대표들이 근로자에게, 회사를 위해서 대표가 하는 것만큼의 시간을 할애하는 것을 요구하지는 않는다. 하지만 대표가 근로자에게 기대하는 주인 의식과 근로자들이 회사에 갖는 주인 의식은 차이가 있기 마련이다. (주인이 아닌데, 어떻게 주인 의식을 가질 수 있을까?)

물론 이 모든 경우에도 해당하지 않는 그저 악덕한 기업주들도 있을 것이다. 그리고 그 회사에서 정말 억울하게 해고를 당하거나, 어쩔 수 없는 상황에서 퇴사하는 경우도 있다. 하지만 이렇게 부당하게 퇴사하게 되었을 경우라도, 기존의 회사를 퇴사하고 이직 시, 퇴사 사유를 정직하고 솔직하게 기재하는 것은 참 난감하다. 지원자들은 "회사가 잘못해서 퇴사한 것이니, 나는 잘못이 없다."라고 하지만, 새로 이직하는 회사의 대표는 (앞서 이야기했듯이) 내심 그 전 회사의 대표의 마음에 더 감정이입하게 되기 마련이기 때문이다. 아무리 이해해 주려고 노력한다고 해도, 그래도 "가재는 게 편"인 것은 어쩔 수 없는 세상 이치인 것이다.

그리고 사실 우리나라 사람들은 누군가 어떤 안 좋은 일을 당했을 경우, 그것이 그의 잘못이든 잘못이 아니든 그냥 그런 일을 당한 것 자체를 싫어하는 경향이 있는 것 같다. 그래서 사람들은 본인이 잘못한 것이 하나도 없는데도 불구하고, 어떤 (안 좋은) 일을 당했다는 사실을 공개하는 것이 굉장히 힘들어지고, 큰 용기를 내야 하는 일이 되어버린다. (이번 퇴사는 정말 내게 억울한 일일 뿐이지만, 내가 그런 억울한 일을 당했다고 공개하면, 사람들은 이해해 주는 척 하면서도, 그냥 그런 일을 당했다는 사실 자체를 싫어하는 것이다. 기왕이면 그런 일을 당하지 않은 사람을 원하는 것이다. 그것이 누구의 잘못이든 상관없이.)

그러니 방법은 이것뿐이다. 최대한 계약(근로계약)을 체결하기 전에 계약 당사자인 기업을 찬찬히 뜯어보고 하는 것이다. 지원자, 근로자는 상대적으로 기업에 비해 약자일 수밖에 없고, 계약에 있어서 상대적으로 강자의 위치에 있는 상대방은 법을 위반하지 않는, 합법적인 범위 내에서 자신에게 유리한 조건으로 계약을 파기하는 것이 너무 쉽기 때문이다. 그럴 경우 피해를 보는 자는 (상대적으로 약자의 위치에 있는) 본인뿐이다. 그러므로 계약할 당시부터 면밀하게 알아보고 체결해야 할 필요가 있다.

그리고 이미 입사한 상태라면, 최대한 본인에게 유리한 시점에서 이직을 준비해야 한다. 이직은 경영악화, 부당해고 등의 시점에서 고려해야 하는 것이 아니다. 이직은 '고(高) 성과'를 내고 있는 바로 그 시점에 준비해야 자신에게 가장 유리한 위치에서 할 수 있다. 근로자가 기업에 비해 약자의 위치에 있는 것은 변함없는 사실이므로, 회사의 경영이 악화되거나 본인이 '저(低) 성과'를 내게 되었을 때, 부당하게 해고될 위험이란 언제나 존재한다는 것을 명심해야 한다.

이직 신호 4

_직무 변경에 대처하는 자세

_갑자기 직무가 변경되었다면 어떻게 해야 할까요?

이직 사유 중에 가장 좋은 이직 사유는 '경력개발'일 것이다. 모든 이직은 커리어의 큰 그림하에서 그것을 발전시키는 방향으로 이루어져야 하는 것이 원칙인 것이다. 다만 이력서에 기재되는 이직 사유는 '경력개발'이라는 네 글자로 그쳐서는 안 되고 보다 구체적이어야 할 것이다. 왜냐하면 경력직에서 이직 사유는 아주 중요하게 작용하기 때문이다.

경력직이란 본디 다른 회사에서 근무하다가 우리 회사로 오겠다는 사람을 뽑는 것이지만, 또 한편으로는 "이 사람이 우리 회사에서 근무하다가 다시 다른 회사로 가는 것은 아닐까?" 하는 두려움을 근본적으로 가질 수밖에 없기 때문이다. 그러므로 그러한 두려움을 종식시킬 수 있는 이직 사유가 반드시 요구된다.

수많은 이직 사유 중에서 나름 합당한 것으로 보여지는 것들 중에는 '직무 변경'이 있을 수 있다. 회사에 오래 근무하다 보면 회사의 조직 구조, 사업 형태, 주력 사업군 등이 변화하기 마련이다. 시대의 요구사항이 변화하기 때문이다. 변화하는 시대의 요구사항에 발맞추어 기업은 향후에도 계속되기 위해서 늘 변화한다. 그리고 이 과정은 필연적으로 기업 내부의 조직도의 변화를 수반하게 된다. 그리고 그 조직 안의 인력 또한 변화한다.

관리회계를 하던 인력이 재무회계를 하게 되기도 하고, 원가회계를 하게 되기도 한다. 그런데 만약 관리회계를 하던 인력이 영업 직군으로 발령이 난다면 어떻게 해야 할까? (물론 회사에서 그 직원을 내보내기 위해 일부러 그의 직군을 변경하는 경우도 있을 수 있다. 다만, 그런 사유 이외에도 직무 변경은 일어날 수 있는 것이므로, 우리는 이러한 사례에도 대비하고 있어야 한다.) 인생에 정답이 없으므로, 커리어에도 정답은 없다. 다만 우리는 다수의 경험을 토대로 가능한 한 위험을 줄여나가기 위한 선택을 하는 것뿐이다.

이럴 경우에 우리가 '커리어관리'라는 관점에서 고려해야 할 사항은 '전문성'이다. 직장인의 커리어에 있어서 '전문성'은 필수이자 모든 것이다. 전문성을 잃는 순간 내가 갈 수 있는 곳은 현저하게 줄어든다.

물론 회사 내에서 임원 또는 그 이상으로 성장하기 위해서 회사 내부의 모든 조직을 경험해 보는 것이 필요할 수 있다. 당연히 "회사에서 성장하려면 영업을 경험하는 것은 필수예요. 그런데 영업 직군으로 발령이 나서 퇴사했다고요?"라는 질문도 나올 수 있다.

그리고 만약 그렇다면 그 시점에서 한번 진지하게 자신에게 질문을 던져 보아야 한다. "나는 이 회사에서 평생을 다닐 자신이 있고, 무슨 일이 있어도 절대 잘리지 않을 자신이 있는가?", "경제 위기와 같은 외적 변수에도 나는 직장을 잃지 않을 수 있는가?" 이러한 질문들에 "예!"라고 자신 있게 대답할 수 있다면 회사 내의 여러 직군을 모두 경험해 보는 것도 좋은 방향이 될 수 있을 것이다.

하지만 그렇지 않다면, 만에 하나라도 회사에서 나와서 다른 길을 찾아야 할 때, 자신의 어떤 능력을 내세워서 나를 채용하려는 기업에 팔 수 있을지, 소위 selling point를 무엇으로 찾을 수 있을지를 고민해 봐야 한다. 직장인으로서의 커리어는 '전문성'이라는 단어에 있음을 잊지 말아야 할 것이다.

TIP

커리어관리를 위한 적정한 이직 시점

최고가 되어 떠나라.
커리어관리는 주식투자와 같다.

주식투자의 기본은 무엇일까? 싸게 사서 비싸게 파는 것이다. 이때 이익을 내기 위해서는 무엇보다도 비싸게 파는 것이 가장 중요할 것이다. 내가 산 금액보다는 더 높은 값을 받고 파는 것. 이렇게 하면서 내가 투자한 주식에서 이익이 남아 그 파이 자체가 커지게 되고, 우리는 그 커진 파이로 다시 다른 종목에 투자한다. 내가 투자한 주식에서 기존에 목표로 한 만큼의 수익을 내고 있으나, 혹시나 더 오를까를 기대하여 매도하지 못하고 망설이게 되면, 이내 해당 주식은 하락의 수순을 밟게 된다.

우리의 커리어도 이와 같다. 특히나 비슷한 것은 최고의 성과를 누릴 때가 오래 가지 않는다는 것이다. 평생직장은 없고, 우리가 직장에서 기대할 수 있는 것은 '최고가 되어 떠나는 것'이라고 한다면 바로 이 '최고'의 시점이 어디인가를 분명하게 직시해야 한다.

우리가 지금의 직장에서 최고인 순간은 바로 입사해서 적응의 기간을 지나고, 몇 년의 시간이 흘러 업무와 조직이 다 파악되어 드디어 성과를 내고 있을 때이다. 그것도 아주 많은 성과를 내어 담당 부서장 또는 임원, 동료, 후배들에게 축하를 받고, 많은 성과급을 수령했을 때, 승진이라는 보상을 받았을 때, 바로 이때가 최고인 순간이다.
만약 "평생직장은 없다. 최고가 되어 떠나라."라는 명제에 공감한다면 우리가 떠나야 할 최고인 순간이 다름이 아닌 현재의 직장에서 최고의 성과를 올리고, 많은 성과급을 수령하고, 승진할 때인 것이다.

하지만 많은 사람들이 이 최고의 순간을 그냥 흘려보낸다. 그리고 이미 커리어가 거의 망가졌을 때가 되어서야 이직을 생각하지만 그때는 이미 가장 적정한 이직의 순간을 흘려보내고 난 후다. 사람은 유기체이고, 그 어느 누구도 오랜 기간 동안 최고의 성과를 연속해서 내기란 불가능하다. 지금 잘 나가고 있는 것 같지만, 지금 내고 있는 성과를 동일한 환경에서 꾸준히 달성하는 것은 아주 힘들다.

주식에 사이클이 있고, 경기에 사이클이 있는 것처럼, 사람의 인생에도 사이클이 있고, 당연히 우리가 달성할 수 있는 성과에도 사이클이 있다. 지금 최고의 성과를 내고 있다면 이제는 사이클의 법칙에 따라 그 이하의 성과를 내는 일이 남아 있다. 그리고 그때가 되면 지금 다니고 있는 회사에서 나를 붙잡지도 않을 것이며, (아니 오히려 알아서 떠나주기를 바랄 수도 있고) 이전 직장에서 성과가 좋지 않은 나를 받아줄 새로운 직장도 별로 없을 것이다. 있다고 해도 내가 좋은 조건으로 협상을 해 볼 여지는 많지 않을 것이다.

그러므로 우리가 최고가 되어 떠날 바로 그 이직의 시점은, 지금 직장에서 최고의 성과를 내고 있을 때이다. 이직은 경영악화, 정리해고, 명예퇴직의 시점에 고려하는 것이 아니다. 효과적인 커리어관리는 내가 현 직장에서 최고인 시점에서, 환경을 바꾸어 다시 최고의 성과를 달성하는 환경으로 이직하는 데에 그 핵심이 있다. 주식투자에서 수익을 내기 위해서는 목표했던 수익률을 달성하는 순간 망설이지 말고 매도를 실행해야 하는 것처럼, 지금 현재의 직장에서 만족할만한 성과를 내고 있다면, 바로 지금이 새로운 회사에 내 커리어를 가장 비싸게 팔 수 있는, 가장 효과적인 이직의 시점인 것이다.

직장생활을 하면서 가장 먼저 가슴에 와 닿는 말은 '아부 체질인 사람 없고, 아부 싫어하는 사람 없다'는 것이다. 사람은 자연스럽게 환경에 적응한다는 말이다. 평생직장의 사회에서는 한번 찍히면 끝이기 때문에 조직에 적응하는 것만이 살아남는 유일한 길이었다. 하지만 이제는 평생직업의 시대이므로 한 조직에 매몰되기보다는 시장의 흐름에 보조를 맞출 수 있는 사람만이 살아남을 수 있다.

_민진규, 〈직업이 인생을 결정한다〉 중에서

P.S

경력단절을 방지하기 위한 이직 공백기 관리법

헤드헌팅을 진행하면서, 일반적으로 1년이 넘는 공백기가 있는 경우는 해당 후보자를 기업에 추천하기가 굉장히 조심스럽다. 공백기가 1년이 넘어가는 경우 사실 추천을 진행한다고 해도, 기업의 서류전형의 장벽을 넘는 것이 쉽지 않다. 이는 1년의 공백 기간이 있어서 업무의 감이 다소 부족할 수 있다는 우려 외에도, 공백기가 없는 타 후보자들이 이미 많이 있기 때문이다. 이직할 수 있는 포지션조차 많지 않은 경우가 대다수이지만 심지어 지원할 수 있는 그 포지션들조차 마치 '의자 앉기 게임(의자 뺏기 게임)'과 같은 형식을 가지기 때문이다.

게임 참가자의 숫자보다 의자의 숫자가 반드시 더 적은 게임. 그래서 무조건 다른 참가자와의 경쟁에서 이겨야 하는 게임. 누군가는 의자에 앉지 못하는 사람이 반드시 발생하고, 그는 게임의 룰 밖으로 밀려나는 게임. 이직은 마치 그 게임과 비슷해서, 나는 반드시 다른 후보자들과의 경쟁에서 살아남아야 하는 것이다. 그러므로 공백기가 있어도 나의 업무 능력에는 아무런 변화가 없다고 내가 아무리 주장한다고 한들, 사측에서 보기에 동일한 포지션에 지원한 현직 재직자와 비교했을 때 크게 장점이 없는 것이다.

늘 상대평가라는 것은 우리를 더욱 긴장하게 만든다. 그 안에서 우리는 상대보다 자신을 더 좋은 모습으로 포장해야 하는데, 최근의 공백기는 이렇게 나의 경력을 포장하는 데 굉장한 걸림돌이 된다.

결론적으로 말해서 이직 공백기는 아예 없는 것이 가장 좋다. 간혹 "퇴사 이후 여행을 다녀오고, 조금 여유를 가지고 쉬고 싶다."라고 말하는 사람들도 꽤 있는데, 그렇다고 해도 만약 그러한 다음에 다시 다른 직장에 취업하는 것을 원하고 있는 경우라면, 그래도 최대한 일찍 다시 일자리를 구하는 것이 좋다. "다시는 취업하지 않겠다."라는 마음가짐이 아니라면, 퇴사하기 전에 재직하면서 이직을 함께 준비하는 것이 가장 바람직하나, 이미 퇴사한 경우라면 지금 바로 이직 자리를 알아보아야 한다.

그렇게 계속해서 이직 자리를 찾아도 내가 일할 만한 마땅한 자리를 찾는다는 것은 쉬운 일이 아니다. IMF 시절 이래로 취업의 문은 늘 좁았고, 늘 취업난은 심해지고 있다. 그러므로 한시라도 더 빠른 시일 내에 취업하는 것이 취업난이 더 심해져서 더 취업하기 어려운 때에 놓이는 것을 방지하는 하나의 해법이다.

2020년 5월 취업포털 잡코리아 조사에서 이직에 성공한 직장인들의 이직 공백기는 평균 4개월이라고 한다. 이직 준비를 시작한 이래로 새로운 직장으로 이직에 성공하는 데까지 걸리는 시간이 평균 4개월이라는 것이다. 이보다 더 일찍 취업에 성공하거나, 취업에 성공하기까지 걸린 시간이 더 오래되는 경우도 있다는 것을 감안하면 퇴사하고 몇 개월 여행을 다녀오고 나서 이직 준비를 시작하겠다는 마음가짐이 자칫 이직 공백기 1년을 훌쩍 넘기게 하는 결정이 될 수도 있다는 사실을 유념해야 한다.

같은 조사에서 직장인들이 생각하는 적정 이직 공백기는 2.5개월로, 실제 이직에 소요된 평균 기간인 4개월보다 훨씬 짧은 기간이라는 점도 주지할 필요는 있다. 이는 실제 이직에 소요되는 기간(4개월)이 이직에 소요될 것이라고 생각되는 기간(2.5개월)보다 훨씬 더 길다는 것을 의미하는 것일 수도 있기 때문이다.

늘 겪는 일이지만 세상일이라는 것이 생각보다 내 생각대로 되는 것이 하나도 없다. 이직에서도 마찬가지이다. "내 정도 학벌에, 내 정도 스펙에, 내가 이 회사 아니면 일할 데가 없겠어?"라고 생각하지만, 진짜로 그런지 안 그런지는 실제 이직 시장에 나와 몸을 던져보아야 할 수 있다. 당신도 실제로는 생각보다 훨씬 더 오랫동안 구직활동을 해야 할 수도 있다.

만약 이직을 생각하고 있다면 1년 이상의 경력단절을 방지하기 위해서 재직하면서 이직을 고려하는 것을 가장 추천하며, 이미 퇴사한 상태라면 오랜만에 찾아온 여유를 느끼고자 하는 욕구를 잠시 뒤로 미뤄두고 어서 오늘 바로 당장 취업 전선에 뛰어들기를 권한다.

014

이직은 아무나 하나?
_이직의 능력 갖추기

그러나,
사람들이 이직을 할 수 없는 이유

사람들이 이직을 할 수 없는 이유는 간단하다. 이직을 할 수 있는 능력이 없기 때문이다.

물론 이직의 욕구 없이 한 직장에서 오래도록 근무하는 것이 최상일 수 있다. 이것을 원하는 사람들의 경우는 제외하고, 회사를 옮기고 싶은 생각이 있으나 옮기지 못하는 경우는 십중팔구 이직할 능력이 없어서이다. 다른 이유가 있는 경우는 그리 많지 않다.

보통 근무하다 보면 회사를 옮기고 싶은 생각이 들 수 있다. 하지만 대개의 경우는 현재의 회사에서 다른 회사로 이직할 때 현재의 회사보다 더 낮은 단계의 회사로 옮겨가야 한다. 사실 현재 일하고 있는 수준의 회사만 갈 수 있어도 다행이다. 왜 이런 일이 발생하는가?

그들은 대학 졸업 당시 나름의 퀄리티를 유지하며 상급으로 졸업하였고, 그 결과 남들이 선망하는 직장에 자리를 잡을 수 있었다. 하지만 이후에 더 나은 조건을 보장해 주는 직장으로 옮기고자 하거나, 다른 일을 시도해 보고자 할 때, 이렇게 하는 것이 이미 자신에게는 너무 힘든 일임을 깨닫게 된다.

그래서 가끔씩은 불합리한 대우를 받아 가면서도 일하게 되고, 해서는 안 될 처분을 받아도 그대로 수긍하게 된다. 왜냐하면 그 회사에 다니는 것 말고는 대안이 없기 때문이다. 불합리한 대우를 받아도 아무런 대꾸를 할 수 없는 사람에게 세상은 냉정하다. 불쌍하다고 안쓰러운 눈길로 바라봐 줄지언정, 그에게는 그 어떤 혜택이나 이익도 돌아가지 않는다.

회사 입사 후에 몇 년이 지나고 자신을 살펴보면, 입사 당시의 시점보다 자신의 능력이 더 나아진 것이 없음을 깨닫게 된다. 그들은 분명 학교 졸업 당시 함께 졸업장을 받았던 동년배들에 비해 나름대로 경쟁력을 가지고 있었고, 그런 점을 이용하여 현재의 회사에 입사할 수 있었다. 하지만 몇 년이 지난 지금 자신의 동년배들과 비교하여 자신의 능력이 경쟁력 없다는 생각이 든다면 이제는 더 이상 새로운 직장이나 새로운 직업, 새로운 인생을 살 수 있는 원동력을 상실하게 된 것이라고 봐야 한다.

영어나 외국어를 사용하지 않는 부서나 회사에 입사한 경우라면,

자신이 별도로 노력하지 않는 이상 입사 시점보다 그 실력이 떨어졌을 확률이 높다. 또한 회계나 법률 등 전문지식을 필요로 하는 업무를 맡지 않았을 경우, 자신의 학부시절 갈고 닦았던 전문지식 또한 입사 시점보다 더 나아졌으리라는 보장을 할 수 없게 된다. 물론 회사생활 몇 년 동안 얻은 것이 없지는 않다. 조직의 생리를 배웠으며, 조직 내의 역학 구도와 이에 상응하는 정치를 배웠다. 그리고 구체적으로 그 회사에서 활용할 수 있는 업무능력을 익혔다.

하지만, 이들이 생각하는 업무능력을 비롯한 그 외의 많은 조직생활에 대한 것들은 그 시간 동안 별 탈 없이 조직생활을 하면서 생활을 영위해 온 사람들이라면 모두가 비교적 쉽게 갖출 수 있는 것들이다. 이제는 나와 비슷하게 몇 년의 경력을 가지고 있는 동년배들과 경쟁해야 하는 때가 온 것이다. 나는 조직생활의 적응력과 업무능력 외에 무엇을 내세울 수 있는가?

가만히 있는다는 것은 뒤처진다는 것과 같은 의미라고 할 수 있다. 사람들이 이직을 못하는 이유는 회사가 좋아서, 이 회사에서 비전이 보여서가 아니다. 물론 (오래 같이 있다 보면, 사람이든 사물이든 조직이든 정이 들게 마련이므로) 이러한 경우도 상당 부분 존재할 수도 있겠지만, 사실 실제로 그들을 들여다보면, 이직할 능력이 없어서인 경우가 아주 많다.

대학 졸업 후 우리는 운이 좋게도 나름대로 만족할 수 있는 직장에서 근무할 수 있는 기회를 가졌고, 충분히 만족했다. 그렇다면 이제 다시 한번 비상할 때이다. 대학 졸업 후 자신이 생각하던 수준의 회사가 아니라면, 이제 다시 한번 자신의 수준에 맞는 회사를 찾아야 할 것이며, 자신이 생각하던 회사에 입사했다 하더라도 우리는 더 나은 회사, 더 나은 직업을 찾아 다시 한번 뛰어야 한다.

그래서 사람들이, 직장을 다니면서도 자기계발에 그렇게도 열심인 것이다.

이직할 수 있는
능력이 권력

조승연 작가의 강의 중에 "모든 권력은 모빌리티에서 나옵니다."라는 대목이 있었다. 나는 이 말에 심히 공감한다. 직장인을 비롯한 모든 사람은 자유로워지기 위해서 모빌리티, 이동성을 갖는 것이 핵심이다.

이것은 단순한 이동의 자유, 이동수단을 뜻하는 것이 아니다. 내가 지금 이곳에 있지만, 원한다면 이곳에 있지 않을 수 있는 능력을 이야기하는 것이다. 내가 이곳을 떠날 수 있다면 이곳의 불합리에 굴복할 이유가 없다. 합리적이지 않은 곳임이 판명 난다면 이곳을 떠나면 되기 때문이다.

그러나 "떠남"이라는 것은 아무나 할 수 있는 것이 아니다. 〈사랑은 아무나 하나〉라는 노래 제목처럼, 사랑조차 사랑할 능력이 있는 사람이 할 수 있으며, "떠남"이라는 행위도 떠날 수 있는 능력을 가진 사람만 할 수 있기 때문이다. 언제든지 떠날 수 있다는 것은 '자유'를 의미한다.

떠날 수 있는 능력이 있지만 내 자유의지에 의해 남아 있는 선택을 할 수도 있고 떠날 수 있는 능력이 있다면 더 좋은 곳을 향해 떠나는 선택을 할 수도 있는 것이다.

떠남, 이동의 능력을 가진 사람에게는 누구도 함부로 할 수 없다. 만에 하나 그런 사람이 생긴다면 함부로 하는 사람이 있다면 그곳을 떠나서 더 좋은 곳을 가면 되니, 결국 능력 있는 사람 곁에 함부로 하는 사람이 있을 자리는 없게 되는 것이다.

사회가 발전함에 따라 이혼율이 높아지는 것은 여자들이 남편에게 종속된 생활을 벗어나서 만약 그것이 불합리하다면 떠날 수 있는 능력을 갖추게 된 데 상당 부분 기인할 것이다. 만약 모든 여자들의 교육을 제한한다면 그곳에서는 이혼율이 급강하하지 않을까? 여자들은 남자에게 경제적으로 종속될 수밖에 없으니 상당한 불합리에도 참고 살 수밖에 없을 테니 말이다.

이는 직장인에게도 마찬가지로 적용된다. 지금 있는 곳도 좋지만, 내가 언제든지 떠날 수 있는 능력을 갖추게 되어 이곳에 남거나 떠나거나를 스스로 선택할 수 있는 위치에 서게 된다면 그는 회사와의 협상에서 우위를 점할 수 있게 될 것을 예상해 볼 수 있다. 직장인의 권력은 이직할 수 있는 능력에서 나온다.

015

본격적으로 이직 준비하기

이력서의 기본부터 꿀팁까지

먼저 이력서를 쓰세요

헤드헌터를 통한 이직의 경우에도 이직은 구직자 본인의 일이고, 본인의 책임하에 전개되는 사안임에는 절대 변함이 없다. 평범한 직장인들에게 어느 기업에 취업해서 어떤 직무를 담당하는가는 그의 인생의 많은 부분이 좌우되는 큰일이다. 그러므로 이직의 첫 관문이 되는 이력서 작성은 구직자에게 상당히 중요한 일이다.

이력서를 작성해 보는 것은 지금 당장 이직을 생각하고 있는 사람이든지, 아니면 직장을 잘 다니고 있어서 이직이 당장 필요가 없는 사람이든지 상관없이 모든 직장인이 한 번쯤 해 두어야 할 일이다. 신입사원으로 입사해서 지금까지 무엇을 해 왔는지 이력서를 작성하면서 정리해 두면 자신에 대하여 어느 정도는 객관적으로 판단할 수 있는 시각이 길러질 수 있다. 그리고 그렇게 작성된 이력서를 보면서 앞으로는 어떠한 방향으로 커리어를 발전해 나가야 할지에 대한 계획을 세울 수 있는 것이다.

아니면 거꾸로 자신의 커리어 목표를 먼저 세우고, 그 목표에 맞는 이력서를 작성해 볼 수도 있다. 과거부터 시작해서 현재 담당하는 업무까지를 기재하는 것이 일반적인 이력서라면, 향후 최종적인 자신의 커리어 목표를 설정하고, 그 모습을 그려보면서 그 모습에 다다르기까지 필요한 갖가지 업무들과 직장들을 채워 넣는 것이다.

이렇게 작성된 이력서는 미래의 이력서이기도 하지만, 지금의 이력서이기도 하다. 이미 나는 미래에서 가져온 그 모습으로 지금 살고 있는 것이기 때문이다. 그렇게 작성된 이력서를 기반으로 하는 '커리어 로드맵'을 그려서 그에 맞는 이력을 그대로 실행해 나가면 된다.

이처럼 이력서를 작성하는 것은 개개인에게 자신의 커리어를 완성해 가는 출발점이 된다. 본격적인 이직 과정에서는 지원하는 회사에 맞게 어느 정도 강조점을 달리하는 전략이 필요할 수는 있다. 다만 이 경우에도 가장 기반에 두어야 하는 사안은 그것에 거짓이 없어야 한다는 것이다. 이직 시 사측에 제출되는 이력서는 입사 후 승진 때마다 검토되는 중요한 자료가 될 수 있는 만큼 이력서 작성은 무엇보다 신중해야 한다.

이력서는 내 인생 절반의 히스토리가 작성된 문서로 그것의 진실성은 오직 본인만이 담보할 수 있다. 그동안의 일들을 진실을 기반으로 작성하되 새로운 회사에 입사해서도 이력서에 기재된 것만큼의 성과를 달성할 수 있도록, 또는 그보다 더 큰 성과를 달성할 수 있도록 본인이 노력해야 하는 것이다.

간혹 어떤 구직자들은 사측에 제출되는 이력서의 작성을 헤드헌터에게 부탁하는 경우가 있는데 이는 자신 인생의 아주 중요한 결정을 타인의 손에 맡기게 되는 격이 될 뿐만 아니라 만에 하나 이력서 내용에 문제 또는 실수가 있을 경우 본인에게 돌이킬 수 없는 피해가 갈 수도 있음을 반드시 유의해야 한다. 이력서 작성에 대한 책임은 지원자 본인에게 있음을 명심하고 이력에 대하여 최대한 상세하게 작성될 수 있도록 본인이 우선 고민해 보는 것이 필요하다.

그리고 지원하는 각각의 포지션에 맞추어 작성된 이력서 이외에 본인의 담당업무를 전부 기술해둔 기본 이력서는 언제든지 업무가 업데이트될 때마다 작성해 보는 것이 커리어 발전을 위해서 유용할 것이다.

이력서 작성의 기본 원칙 1
_이력서 허위기재는 금물

매주 수요일 오전에 경영자들이 모이는 조찬 모임에 참여하고 있다. 내가 참여하는 조찬 모임을 통해서 깨달은 것 중에 하나는 참석한 모든 기업인이 바로 이 문장에 격하게 공감했다는 사실이다.

"이력서가 진짜라고 믿는 인사담당자나 대표는 없을 거예요."

헤드헌팅에 대하여 발표를 했던 날, 마무리하고 아침 식사를 하면서 이력서 허위에 대한 이슈가 다시 한 번 회자되었다.

"이력서에 기재된 내용이 진짜라고 믿는 인사담당자나 대표가 있을까요? 몇 번만 채용을 진행해 보면 알 수 있을 겁니다. 없어요. 그래서 이력서에 대한 검증이 필요합니다. 검증 절차가 있다는 것만으로도 지원자들의 이력서 허위기재가 현저하게 감소할 수 있습니다."

실제로 이력서 허위기재는 굉장히 빈번하게 이루어진다. 120년 전통의 외국계 기업이고, 한국 지사가 설립된 지 20년이 넘은 기업에서도 이러한 이력서 허위기재로 인해 실제로 피해를 보곤 한다. 대기업이라고 이력서 허위기재에서 자유롭지 않고, 작은 기업일수록 사실 그 피해는 더하다.

헤드헌팅을 진행하다 보면, 이력서 허위기재를 방지하기 위해 중간에서 그 이력을 검증하는 존재가 있다는 사실 만으로도 지원자들은 이력서 허위기재에 대한 무언의 압박을 받는다. 따라서 직접 지원의 경우보다 이력서 허위기재의 횟수가 현저하게 감소할 것으로 추정할 수 있다.

이력서 허위기재뿐만 아니라 누락, 삭제 등에 대해서도 그 경위를 파악할 수 있어서 "이력서에 기재된 내용이 사실이라고 믿지 못하는" 기업의 입장에서는 보다 신뢰할 수 있게 된다. 물론 지원자의 입장에서도 보다 신뢰받는 지원자가 될 수 있으니 이득이다.

대체로 시니어급 포지션을 진행할 때는 그 정도 경력까지 쌓아가면서 어느 정도 헤드헌팅이나 헤드헌터를 접해 보신 분들이 많다. 하지만 그들도 헤드헌팅에 대해서 제대로는 모르는 경우가 많아서 이력서는 본인 작성이 원칙이라든지, 이력서에 작성된 내용에 대한 증빙서류를 제출해야 한다든지에 대해서 금시초문인 경우가 많다.

시니어급이 이러한 정도이니, 주니어급인 경우에는 헤드헌터가 무슨 일을 하는지도 잘 모르는 경우도 다반사이고, 헤드헌팅으로 진행되는 프로젝트들을 파견직과 헷갈려 하는 사람들도 많다. 그래서 주니어급을 진행할 때면 더욱 자세히 설명해 드려야 한다. "본 포지션은 정규직 채용 건이고, 합격하면 채용 회사와 근로계약을 체결하는 것이고, 저는 헤드헌터이고, 인력 파견이나 이런 곳과는 좀 성격이 다르다."라고 이해시킨다.

간혹 받는 질문은 이런 것들이다.

"아니 내가 이력서 대충해서 보내면, 헤드헌터가 작성해서 제출하는 거 아닌가요?"

"다른 헤드헌터는 한 번도 그런 거(국민연금가입증명서나 원천징수영수증) 요구 안 하던데, 왜 여기만 요구해요?"

"아니, 내가 뭐 그런 거까지 제출해 가면서 연봉 맞춰달라고 하기도 좀 그렇고……."

또는

"현금으로 받은 금액들이 많아서, 원천징수영수증 내용과는 달라요. 그게 문제가 되나요?"

"최종연봉은 밝히고 싶지 않네요. 그냥 연봉은 회사 내규에 따른다는데, 꼭 최종연봉을 기재해야 하나요?"

질문 내용에 대한 진실은 이렇다.

■ "아니 내가 이력서 대충해서 보내면, 헤드헌터가 작성해서 제출하는 거 아닌가요?"

➔ 이력서는 지원자 본인 작성이 원칙이다. 이력서를 헤드헌터가 작성한다면 기업에서는 그 이력서가 헤드헌터를 거치면서 부풀려지거나 삭제될 수 있을 것이라고 오해할 수 있다. 그러므로 이력서는 지원자 본인이 작성하는 것이며, 헤드헌터는 그 지원자를 기업에 추천하는 입장에서 그 작성된 이력서에 혹시 오류가 없는지 살펴보는 것이다.

■ "다른 헤드헌터는 한 번도 그런 거(국민연금가입증명서나 원천징수영수증) 요구 안 하던데, 왜 여기만 요구해요?"

➔ 제대로 된 검증과정을 거치게 되면 그 과정 중에 이탈하는 후보자들이 많아서 그런지, 이런 증빙서류들을 검증하지 않는 헤드헌터가 많다고 한다. 하지만 내가 진행하는 모든 건들은 증빙서류 검증을 실시한다. 그것이 헤드헌터의 일이라고 생각하기 때문이다. 헤드헌팅에 참여하는 후보자는 헤드헌터의 룰을 따라야 하

고, 거부할 시 그 후보자는 아무리 좋은 이력을 갖추었다고 해도 진행하지 않는다. 그 이력에 신빙성을 부여할 수 없기 때문이다.

■ "아니, 내가 뭐 그런 거까지 제출해 가면서 연봉 맞춰달라고 하기도 좀 그렇고……."

➡ '그런 거까지'가 아니라, 아주 최소의 검증 과정에 해당하는 것이다.

■ "현금으로 받은 금액들이 많아서, 원천징수영수증 내용과는 달라요. 그게 문제가 되나요?"

➡ 증빙할 수 없는 부분은 연봉협의 시 감안할 수 있는 최종연봉에는 포함할 수 없다. 아쉽지만. 다만, 해당 내용은 별도로 코멘트할 수는 있을 것이다.

■ "최종연봉은 밝히고 싶지 않네요. 그냥 연봉은 회사 내규에 따른다는데, 꼭 최종연봉을 기재해야 하나요?"

➡ 최종연봉 또한 서류전형의 중요한 요소이므로 희망연봉 수준 여부에 상관없이 기재해야 한다. 이력서와 몇 번의 면접만으로 지원자를 판단해야 하는 기업 입장에서 연봉 수준은 그 사람의 현재 능력 여부를 아주 작게나마 가늠할 수 있는 요소가 될 수 있기 때문이다. 물론 연봉을 가지고 그 사람의 능력을 완전하게 평가할 수 있는 것은 아니므로, 연봉을 주요 요소로 판단하지 않는 기업도 있을 수는 있지만, 대체적으로 최종연봉은 입사 후 우리 회사 연봉에 만족할 수 있느냐의 여부에도 깊게 관여하기 때문

에 중요하며, 반드시 기재해야 한다. 그리고 기재된 연봉은 증빙으로 확인될 수 있어야 한다.

이력서가 진짜라고 믿는 인사담당자나 대표는 없을 거라는 말을 기업인들이 가장 깊이 공감한다는 것은 사실 아주 아픈 현실이다. 하지만, 오히려 이력서에 대한 검증을 확실하게 하고, 자신의 이력이 진실임을 검증할 수 있다면 다른 지원자들에 비해 우위에 설 수 있다는 것은 아픈 현실의 또 다른 단면일 것이다.

이력서 작성의 기본 원칙 2

_각 재직 회사별 이직 사유, 퇴사 사유, 이직 동기 작성 방법

사실 이력서 작성은 지원자 본인이 작성하는 것이 원칙이지만, 실제 이력서를 받아 보면 그대로 사측에 제출할 수 없는 경우가 대부분이다. 필요한 사항이 누락되거나, 심지어는 경력기간이 상당한데도 경력기술서의 내용이 엉성하게 작성되어 어떤 업무를 수행했었는지 제대로 확인이 불가능한 경우도 있다.

자기소개서에 지원하는 회사명이 아닌 '귀사'라고 기재되어 있는 경우는 다반사이다. 기본적인 오탈자와 문단 변경 이외에도 학력 및 재직 경력 사항에 오류가 없는지, 총 경력 연수를 제대로 기재했는지, 연봉 사항 등은 증빙 가능한 부분인지 사전에 확인하고, 서류 제출에 대하여 미리 안내한다. 그리고 경력에 공백이 있는 경우 공백 기간 동안 어떻게 보냈는지 등을 확인하는 작업을 거치기도 한다.

이력서는 본인 작성이 원칙이기 때문에 헤드헌터가 이력서에 작은 사항이라도 추가하거나 보완한 경우 해당 내용에 대하여는 반드시 지원자에게 확인하는 작업을 거친다. 어차피 이력서는 본인 작성이 원칙인데도, 지원자의 이력서를 바로 보내지 않고 이런 작업을 거치는 이유는, 일반적으로 기업에서는 지원자의 이력서만 보고도 그 사람이 어떤 사람인지를 알 수 있기를 원하기 때문이다.

따라서 의뢰 기업에 해당 인재를 추천하는 헤드헌터로서, 지원자의 이력서를 보고 사측에서 궁금해 할 만한 내용들을 미리 확인하는 것이다. 이 과정에서 사측에 추천하기 전까지 지원자와 몇 번의 통화를 거치게 되기 때문에 미리 어느 정도는 지원자의 성향을 가늠해 볼 수 있는 기회가 되기도 한다. 이렇게 파악된 후보자의 정보는 사측에 서류 추천 시 추천 사유에 반영한다.

이런 과정을 헤드헌터들은 흔히 "이력서 메이크업"이라고 한다. 그리고 이러한 이력서 메이크업 과정에서 가장 중요한 부분 중 한 가지는 각 재직 회사의 이직 사유, 퇴사 사유, 지원동기 등이다. 최근 회사에서의 이직 희망 사유뿐만 아니라 후보자의 경력 전 과정에서 퇴사 사유를 확인한다. (개인적으로는 이런 작업을 거치면서 현 시대를 살아가고 있는 각자들이 어떤 모습으로 인생을 살아가는지에 대한 데이터들이 축적됨을 느낀다.)

거의 모든 후보자들이 처음 보내오는 이력서에는 이직 사유, 퇴사 사유가 '경력개발', '개인사정' 등으로만 기재되어 있는 경우가 대부분이다. 그래서 나는 후보자들에게 최대한 자세하고 구제적인 이직 사유를 요청한다. 이렇게 구체적이고 자세한 내용을 듣다 보면 거짓을 말하지 않으면서도 어느 정도 합당한 이직 사유를 도출해 낼 수 있기 때문이다.

여기서 가장 중요한 것은 거짓은 절대 없어야 한다는 것이다. 이력서를 작성할 때 이직 사유는 거짓이 없는 선에서 최대한 합당한 이직 사유를 도출해 내는 데에 그 핵심이 있다.

생각해 보면 그렇다. 우리가 어떤 사람과 개인적이든 사회적이든 관계를 맺고 헤어질 때도 그 헤어지는 이유는 한 가지가 아닐 것이다. 우리가 어떤 일에 대해 결정을 내리기까지는 상당히 많은 상황 등이 중첩되어 있다. 그리고 만약 상대에게 우리가 헤어지는 이유를 말해야 한다면, 최대한 상대가 상처받지 않을 선에서, 다만 거짓이 없는 선에서 그 이유를 말하는 것이 옳을 것이다. 그리고 바로 이러한 행동을 '상대에 대한 예의'라고 부를 수 있지 않을까 싶다.

이것은 반대로 누군가가 좋을 때도 마찬가지이다. 어떤 사람이나 어떤 조직, 어떤 관계가 좋을 때도 우리는 그 대상을 단 한 가지 이유 때문에 좋아하는 것은 아닐 것이다. 그리고 만약 그 대상에게 "내가 당신을 좋아하는 이유", "당신과 함께 하고 싶은 이유"에 대해서 말해야 하는 순간이 온다면, 그때에도 거짓이 없는 선에서 상대가 들어서 무리가 없는 내용의 이유를 대는 것이 바람직할 것이다.

아무리 솔직한 게 좋다한들, 굳이 "난 네가 돈이 많아서 좋아."라고 말할 필요는 없다. 돈이 많아서도 좋겠지만, 분명히 그가 좋은 이유는 그 외에 다른 것들도 분명히 존재할 것이기 때문이다. 만약 정말 돈이 많은 것만이 그 이유라면, 그것 말고 다른 이유가 없다면, 어쩌면 그 선택은 실패할 확률이 높을 것이다.

이직에서도 마찬가지이다.

내가 현재 회사를 퇴사하고 새로운 직장으로 이직하려는 이유에는 많게는 몇 개의 이유가 있을 수 있다. 거짓이 없어야 하지만, 무턱대고 솔직한 것은 향후 다음 선택을 하는 데에 의외의 방해요소가 될 수 있다.

왜 이직하려고 하나요?

- 지금 연봉이 너무 낮아서요. 여기 연봉이 높아서요.

➔ 그러면 더 높은 연봉을 제시하는 회사가 있으면 또 옮길 건가요?

- 이전 회사에서 이제는 배울 것이 없어서요.

➔ 면접관들은 대부분 한 회사에서 수년간, 많게는 10년, 20년 근무한 사람들이다. 그렇게 근무하고도 아직도 배울 게 많아서 회사를 다니고 있는데, 몇 년 근무하고 배울 게 없어서 이직한다는 이유가 어떻게 들릴까요?

퇴사 사유, 이직 사유는 이력서를 작성할 때뿐만 아니라 면접 시에도 단골로 나오는 질문이다. 면접 전부터 미리 준비해야 하는 가장 확실한 항목인 것이다. 그리고 이보다 선행되어야 할 것은 자신의 커리어에서 각각의 이직을 결정할 때, "내가 지금 이직을 고려해야 하는 것이 맞는가?"에 대하여 먼저 본인이 납득할 수 있는 정도로 합당한 사유를 마음에 새겨두고 진행하는 것이 필요하다. 본인도 설득하지 못할 이직 사유라면 이직을 안 하는 것이 맞는 것이다.

사실 좋은 퇴사 사유란 없다. 그저 지원하는 회사에 대한 최소한의 예의를 갖출 수 있는 합당한 이유를 찾는 것일 뿐이다. 만약 퇴사의 사유가 '건강악화'였다면, 지금은 회복이 되어서 근무에 지장이 없음을 명기해야 한다. 그리고 '경력개발'이라면 향후 본인이 어떤 방향으로 커리어를 그리고 있는지, 본인이 전문성을 쌓고 싶은 분야와 지금 지원하는 포지션이 일치하는지, 그렇게 해서 내가 이 기업에는 어떤 부분을 기여할 수 있을지 등을 설명할 수 있어야 할 것이다.

이력서 작성의 기본 원칙 3

_지원동기에는 뭐라고 적을까요?

입사 후 포부, 지원동기 이런 질문에 어떻게 답해야 할까? 사실 이런 질문을 하는 사람들의 의도는 한 가지다. "그래, 당신 우리 회사 들어와서 뭘 어떻게 해 줄 수 있어요?" (지원동기에 대한 질문은 이력서 작성부터 면접까지 당락에 영향을 미칠 수 있는 중요한 요소가 되기에 신중해야 한다.)

우리 회사에는 후보자들이 사측의 채용 면접을 진행하게 되면 실시하는 후보자 사전 인터뷰 지침 가이드가 있다. 사실 이러한 사전 인터뷰는 우리가 사측에 추천한 이 후보자가 정말 괜찮은 후보자가 맞는지 확인하는 데에 있지만, 소중한 시간을 내어 우리 회사에 방문해 준 후보자에게 도움도 주고, 여러 가지 이유에 의해 후보자들에게 면접에 대한 기본적인 사항을 교육하기도 한다.

물론 후보자들이야 각각 자신의 분야에서 훌륭한 이력을 갖춘 사람이 대부분이지만, 이들의 인생에서는 면접이 몇 번 없을 수도 있어 채용 면접에 있어서는 어색해 하고 당황해 할 수 있기 때문에 그러한 상황을 미연에 방지하기 위해서 몇 가지 지침사항을 알려준다. 이는 사측에 우리가 추천한 후보자를 좋은 모습으로 내보내기 위한 우리 서치펌의 예의이기도 할 것이다.

그리고 이 가이드에서 한 꼭지를 차지하는 것은 후보자에게 면접 시 사측에 "본인이 회사에 입사 시 기여할 수 있는 부분"을 중심으로 면접의 내용을 구성하라고 교육하는 것이다. 예를 들면 이런 것이다. "지원동기를 물으면 어떻게 답하실 건가요?"라는 질문을 하면 대부분은 이렇게 대답한다.

> "저는 ○○분야에서 커리어를 쌓아왔고, 현재는 □□회사에서 △△를 하고 있다. 만약 ■■회사에 입사해서 제가 ▲▲를 하게 된다면 향후 저의 커리어를 발전시키는 데에 큰 도움이 될 것이라고 판단해서 지원하게 되었습니다. ○○분야는 최근 시장에서 굉장한 트렌드를 형성하고 있는 분야이므로 이 부분에서 경력을 쌓는 것에 향후 발전 가능성이 있다고 보기 때문입니다."

지원동기를 묻는 질문인 "우리 회사에 왜 지원했나요?" 등은 면접에서 키를 가질 수 있는 아주 중요한 질문이다. 바로 이 질문에서 우리는 회사가 원하는 사람이 바로 나라는 이야기를 직접적으로 전달할 수 있기 때문이다. 하지만, 앞서 기술한 대로 정말 올곧이 "지원동기" 만을 이야기해서는 안 된다. 혹여나 "지원동기" 질문 이후에 "입사 후 포부"

등의 질문이 안 나올 수도 있기 때문에 이 부분까지 이어서 혹은 넌지시 이야기를 해 주는 것이 좋다. 물론 이때 대답은 장황하지 않아야 하고, 두괄식으로 대답해야 하는 것은 물론이다.

경력 사항이 맞는지는 서류에서 확인이 가능하므로, 일반적으로 면접에서는 인성을 보는 것으로 생각할 수 있지만, 경력직 면접에서 가장 중요한 것은 역시나 경력이다. 우리 회사에서 필요한 업무능력을 갖춘 사람인지가 그 사람을 채용하는 데 가장 중요한 것이다. 이 문장 중에서도 특히나 중요한 문구는 "우리 회사에서 필요한 업무능력"이 된다. 이는 넘쳐도 안 되고 모자라도 안 된다. 딱 우리 회사에서 현재 필요한 능력이어야 한다.

그러므로 면접 진행의 모든 시간 동안에는 내가 당신이 원하는 그 능력을 가지고 있음을 어필할 수 있도록 해야 한다. 기승전—내가 바로 당신이 찾던 적합한 인재—라고 이야기해야 하는 것이다. 지원동기에 대한 질문에서도 마찬가지이다. 이때 자신의 경력이 어떠한지를 이야기하면서 JD(job description)에서 요구하고 있는 역량을 갖추고 있음을 이야기하고, 사전에 조사한 회사의 현황, 비전, 회사의 현 포지션에서 현재 필요한 역량에 내가 바로 적임자라는 이야기를 해야 한다. 내가 입사하면 어느 부분에서 분명한 기여를 할 수 있을 것이라고 확신하고, 그래서 지원한 것이라고 이야기해야 하는 것이다.

지원동기에 대한 질문은 "내가 여기 왜 지원했는지"를 묻는 질문이지만, 여기에 덧붙여서 "그래서 나는 당신에게 이러이러한 것을 줄 수 있다. 이것이 바로 당신이 원하는 것 아닌가, 내가 바로 그 일을 할 수 있는 사람이다."라는 것을 동시에 이야기할 수 있어야 한다.

질문 그 자체에만 단어 그 자체에만 집중해서는 안 된다. 집중해야 할 것은 질문하는 사람의 의도, 그 사람이 원하는 것이어야 한다. 그리고 우리가 바로 그가 원하는 것을 줄 수 있을 때, 그것을 줄 수 있다고 이야기할 때, 나는 그 사람의 사람이 될 수 있는 것이다.

TIP

헤드헌터가 알려주는 이력서 작성 기술

일단 서류전형을 통과해야 한다. 서류마저 통과하지 않으면 어떻게 해 볼 도리가 없다. 만약 서류를 통과하고 나서 면접을 볼 수 있는 기회가 주어진다면, 내가 입사하고 싶은 회사의 담당자를 만나볼 수 있는 기회가 주어진다면 아마 후보자는 정말 최선을 다하리라 다짐할 것이다.
그런데, 이 면접 기회라는 것이 흔하지 않다. 내가 원하는 기업의 면접 기회를 잡는다는 것은 정말 소중하다. 비슷한 수준의 학교를 졸업하고, 비슷한 이력을 가지고 있는 후보자들은 너무나 많고, 내가 그 후보자들 중에서 면접 대상자로 선택되는 것은 쉬운 일이 아니다.

이력서를 작성할 때 유념해야 할 가장 절대적인 기준은 "아, 이 사람 한 번 만나보고 싶다."라는 생각이 들도록 작성해야 한다는 것이다. 그러려면 우선적으로 해당 기업에서 요구하는 조건의 업무를 내가 모두 수행해 봤음이 이력서상에 드러나야 한다.

따라서 이력서상에서 가장 중요한 부분은 바로 경력기술서라고 할 수 있다. 이 경력기술에 대한 작성 방법은 별도의 글에서 다루기로 하고, 일단은 이력서 작성의 전반적인 방법에 대하여 유의해야 할 사항을 이야기하고자 한다.

1. 이력서용 사진

영문 이력서의 경우 사진을 생략하는 경우도 많지만, 일반적인 국문 이력서에는 사진이 첨부된다. 이때 간혹 어떤 지원자들은 사진을 아주 예전 사진으로 하거나, 캐주얼한 옷을 입고 찍은 사진을 첨부하는 경우가 있다. 사진 첨부에 있어서 가장 큰 문제라 함은 사실 '실제와 너무 다른 사진'이겠지만, 현실적으로 사진의 교체가 필요하다고 생각이 드는 사진은 이런 사진이다.

첫째, 시선처리가 잘 안 된 사진

흔하지는 않지만 어떤 지원자의 경우는 사진에서의 시선 처리가 이상해서, 혹시 눈에 이상이 있는 것이 아닐까 하는 생각이 든 적이 있다. (실제로 만나보니 그는 전혀 눈에 이상이 없는 사람이었다.) 불필요한 오해를 불러일으키는 사진은 이력서의 첫 장에 첨부하는 사진으로 적합하지 않다.

둘째, 캐주얼 옷을 입고 찍은 사진

직종에 따라 다를 수 있지만 나는 일반적으로 면접 시에는 정장을 착용할 것을 권한다. 입사 후 업무 시의 복장은 자유로울 수 있지만 면접은 회사를 처음 만나는 자리이므로 정장을 갖추는 것이 예의라고 생각하기 때문이다.

마찬가지로 이력서에 첨부하는 사진도 사측에서 이력서를 검토하면서 후보자를 가장 먼저 대면하는 부분이다. 가지고 있는 증명사진 중 마땅한 것이 없다면 미리미리 사진을 새로 촬영해서 준비해 놓기를 권한다. (기회는 언제 어디서 올지 모르기 때문이다.) 이력서 작성을 위해 증명사진을 찍으러 갈 때는 최대한 깔끔하고 단정하게 머리를 손질하고, 정장을 착용하는 것이 좋다.
간혹 남자의 경우에도 정돈되지 않은 머리를 하고 사진을 찍는 사람이 있다. 최대한 깔끔하고 단정한 모습으로 회사와 첫 대면하기를 추천한다.

셋째, 너무 예전 사진, 일상 사진 등
이력서를 받아보면 심지어 시니어급, 임원급 포지션에도 일상 사진을 이력서 사진으로 첨부해서 제출하는 사람이 있다. 아마도 한 회사에서 오래 재직하며 임원까지 오른 분들은 이력서를 작성해 본 경험이 적어 그렇지 않을까 판단한다.
물론 임원급을 비롯한 모든 채용 포지션에서 가장 중요한 사항은 사진이 아니라, 후보자가 지금까지 수행해온 경력이 얼마나 해당 포지션의 자격요건과 부합하는가이겠지만, 기왕이면 사진 또한 자신의 전문성이 부각되게끔 전문인으로 보이는 사진으로 선택하는 것이 좋을 것이라고 생각된다.

2. 이력서 첫 페이지

이력서 첫 장에 사진과 함께 본인의 핵심역량을 3~4줄 정도 기입하는 것이 좋다. 핵심역량은 해당 채용 포지션에서 요구하는 사항을 실제로 경험해 봤음을 부각해야 한다. 길지 않고 단순한 문장으로 작성한다.

핵심역량은 담당업무, 자격사항, 우대사항에 관련된 자신의 역량을 어필한다.

- **추천 사유:** 이는 헤드헌터를 통한 채용 진행의 경우에 해당하고, 담당하는 헤드헌터가 작성하게 된다. 별도의 추천 사유를 요하지

않는 기업도 있지만, 특별한 경우가 아닌 이상 내가 진행하는 포지션의 경우 모두 해당 후보자에 대한 추천 사유를 이력서 첫 장에 별도 기재한다. 추천 사유에는 핵심역량에 기재된 역량을 요약하여 재 기술하기도 하고, 재직 중인지, 아니면 구직 중인지의 여부, 강한 입사 의지, 연봉 또는 입사일에 대한 후보자 상황, 후보자의 태도 성향 등의 내용이 포함된다.

- **인적 사항:** 회사생활은 조직생활이므로, 기존 조직 구성원과의 조화도 중요하다. 그러므로 나이, 성별도 기재한다. 사측에서는 이러한 정보를 기초로 해당 후보자가 상급자와 나이 연차 등에 있어서 어느 정도 차이가 나는지 조직 문화에 적응 가능한지를 대략적으로 판단하는 요소가 된다.
주소 또한 기본적으로 기재하는 사항으로 거주하고 있는 곳의 동까지만 기재하면 무난하다. 거주지 근접, 출퇴근 시간은 워라밸의 가장 큰 요소이기도 하고, 많은 퇴직사유 또한 "출퇴근 시간 과다소요"가 차지하고 있는 만큼, 기업에서는 아무래도 같은 조건이라면 근거리 거주자를 선호하기 때문이다. 물론 지원하고자 하는 회사와 현 거주지가 차이가 있지만, 입사 의지가 높은 경우 "입사 시 근무지 근처로 이사 가능" 등의 문구를 추가할 수 있다.

- **학력 사항:** 학교, 학점, 학과, 소재지 등을 기재한다.

석사 이상인 경우, 논문명, 지도교수명, 논문내용 요약을 함께 기재하는 것이 좋다. 연구개발 등의 포지션인 경우에는 특히나 논문에 관한 사항이 중요하다 할 것이다. SCI급 저널 기재 논문 등의 경우에는 별도로 명기해 주어도 좋다.

경력 사항의 경우도 하단의 경력기술서에 상세하게 기재할 테지만, 한눈에 살펴볼 수 있도록 하나의 표로 정리해 두는 것이 좋다. 경력 사항은 총 경력이 몇 년 몇 개월인지 기재하고, 재직 기간, 재직 회사명, 담당업무, 직위 등을 간단하게 표로 정리하여 기재하면 된다. 상세 업무 내용은 경력기술서에 기재한다.

3. 경력기술서 작성 방법

이력서에서 가장 중요한 부분은 경력기술서이다. 다른 어느 부분도 이 부분의 중요성을 넘지 못한다. 자기소개서가 조금 약하더라도 경력기술서가 제대로 상세하게 작성되어 있다면 서류 통과의 가능성은 높다.

기본적인 경력기술서 작성 방법은 다음과 같다.

(1) 경력회사별로 재직기간 구분하여 기재(최근부터 역순으로)

(2) 경력회사별로 수행 프로젝트 및 업무를 구분하여 기재(최근부터 역순으로)

(3) 프로젝트 및 업무별로 본인이 맡았던 역할/성과 기재

(4) 중요 어필 경력이나 프로젝트는 상단으로 기입

(5) 이직 사유는 재직했던 회사별로 모두 기입

최근 이력이 상단에 오는 순서로 기재한다. 각 재직 회사별로 구분하여 기재하되, 각각의 회사별로 재직했던 기간을 기재한다.

재직 회사에 대한 간단한 소개를 한다. 사측에서는 일반적으로 해당 기업과 비슷한 규모의 기업에서 근무하거나, 더 큰 규모의 기업에서 근무해 본 이력이 있는 인재를 선호하는 경향이 있다. 그러므로 재직했던 회사에 대한 간단한 소개를 기재하는 것이 좋다. 재직 회사 소개는 업종, 사업소개, 직원 수, 매출액 정도면 무난하다.

담당업무는 최대한 자세하게 기재하되, 해당 포지션에서 요구하는 업무

를 수행한 이력이 있을 경우 빠뜨리지 않고 기입한다. 담당업무를 수행했던 기간도 기재한다.
담당 프로젝트를 기재하는 경우, 프로젝트, 업무별로 본인이 맡았던 역할을 기재하고, 해당 업무를 수행하면서 어떠한 성과가 있었는지를 기재한다. 이는 추후 면접 시에 단골 질문이 되므로, 이력서 작성하면서 꼭 복기해 보는 것이 좋다.
담당업무와 프로젝트를 작성하면서 특별히 부각시키고 싶은 경력이나 프로젝트는 상단에 기입하여 부각하는 것이 좋다.
이직 사유, 퇴사 사유는 최대한 상세하고 구체적으로 기입하되, 합리적인 사유인 것이 좋다. 이전 회사에 대한 비난은 되도록 피하는 것이 좋다.

경력기술서를 작성할 때 가능하면 짧게 근무한 이력도 기재하는 것이 좋다. 어차피 면접에서 면접관들은 공백 기간에 대하여 궁금해 하기 때문이다. 다만 해당 업무와 관련이 없는 이력이라면 경력기술서 본문이 아닌 기타 경력 등으로 구분하여 기재할 수 있는데, 이럴 경우 경력인정을 받지 못할 수 있음을 인지해야 한다.
특정한 직무의 경우, 별도의 포트폴리오가 필요 없도록 담당했던 업무들의 사진 등을 갈무리하여 포함하는 것도 좋다.

4. 기타사항

기타사항에는 경력기술서 본문에는 작성하지 못했지만, 해당 업무를 수행하는 데에 도움이 될 수 있는 몇 가지 사항들을 기입한다. 어학역량, 보유기술 및 능력, 교육이수 사항, 수상경력, 자격증, 병역 사항 등이 이에 해당한다.
어학의 경우 공인인증 점수가 있으면 기재하고 없더라도 해외 연수 등의 경험이 있다면 빠뜨리지 말고 기입한다.

보유기술 및 능력의 경우 컴퓨터 관련, 통계 관련 등 업무에 활용할 수 있는 기술을 기재한다.
기타 업무 관련된 교육, 수상경력, 자격증 등을 기재한다. 이전 회사에서 우수사원 표창, 성과 우수자 등으로 포상 받은 내역이 있다면 기재한다.
수상경력은 명칭, 수여 기관명, 내용, 일자를 기재하고, 자격증의 경우 자격증 종류, 등급, 면허 번호, 인증기관, 취득일자 등을 모두 기재한다.
병역 사항의 경우 군종, 계급, 복무기간을 기재한다.
연봉사항 및 입사 가능 시기는 가장 민감한 내용에 해당하므로, 특히나 사실관계를 정확히 확인하고 기재해야 한다.
의외로 헤드헌팅을 진행하다 보면 본인의 실제 연봉이 어느 정도인지를 모르고 있는 지원자들이 많다. 연봉은 기본급과 성과급 또는 기타 수당을 구분하여 기재하고, 원천징수영수증, 근로계약서, 최근 3개월 급여명세서 등을 통해 본인의 연봉을 확인해 볼 수 있다.
희망연봉은 입사 가능한 최소 연봉 금액과 실제 희망하는 금액이 얼마인지를 미리 생각해 보고 이를 헤드헌터에게 알려주는 것이 좋다. 일반적인 이직 시 연봉 인상은 10%를 넘지 않는 경우가 대부분이다.
입사 가능 시기는 재직자의 경우 현 기업에서의 인수인계 기간을 감안하여 최대 4주 정도로 생각할 수 있다. 다만 거의 모든 기업들은 빠른 입사가 가능한 사람을 선호한다는 것을 명심해야 한다.

5. 자기소개서 작성 방법

일반적으로 자기소개서는 이력서의 맨 마지막에 위치하게 되지만, 지원자 입장에서는 본인이 이 회사에 얼마나 입사하고 싶은지 그 입사 의지를 어필할 수 있는 중요한 공간이다. 회사에서는 당연히 같은 조건이라면 강한 입사 의지를 가지고 있는 사람을 채용하기를 원하기 때문이다.
경력직의 경우 성장 과정 등의 자기소개는 그다지 필요하지 않을 수 있다. 경력직의 자기소개는 그동안 본인이 해왔던 업무 위주로 이루어져야 한다. 이미 경력기술서에 기술했던 자신이 그동안 해왔던 업무들을 자기소개서에 요약하는 것이다. 서술형으로 작성함으로써 경력기술서에 기술된 본인의 업무역량을 다시 한번 새롭게 부각시킬 수 있는 기회가 된다.

본인이 어떤 식으로 커리어를 관리해 왔는지를 제대로 설명할 수 있는 기회가 되는 공간이 바로 자기소개서인 것이다.
간혹 시니어급, 임원급인 경우, "아니, 내 경력에 뭐 굳이 자기소개가 필요한가요? 신입도 아니고…….."라고 물어보는 사람이 있는데, 자기소개는 신입은 신입 나름대로 필요하고, 경력도 경력 나름대로 필요하며 자신을 어필할 수 있는 소중한 공간이 된다.
단순하게 나열하는 경력 기술만으로는 미처 이야기하지 못한 나의 장점을 자기소개서에 녹여 넣는 것이다. 이러한 과정을 통해서 해당 기업과 해당 포지션에 내가 얼마나 잘 부합하는지, 얼마나 잘 어울리는 사람인지를 보여줘야 한다.
일목요연하게 기술된 경력기술서도 필요하지만, 진짜 설득을 위해서는 서술형의 문장이 필요할 때가 많고, 이러하기에 경력직에서도 자기소개서는 중요하다.

자기소개서에서 본인의 경력 요약 다음으로 중요한 것은 지원동기이다. 사실 경력 요약을 서술한 자기소개 부분은 경력기술서에 이미 기술되어 있으니 생략하더라도, 지원동기만큼은 반드시 작성해 두는 것이 좋다.
지원동기는 본인의 커리어 개발과 함께 회사에 기여할 수 있는 부분에 그 포인트를 맞추어야 한다. "회사에서 왜 나를 채용해야 하는가?"에 대하여 질문하고, 그에 대한 답을 지원동기에 녹여내야 한다.

우리가 명명하기는 지원동기라고 하지만, 사실 작성할 때는 철저하게 사측의 입장에서 다시 한번 고민해 보고 작성하는 것이 좋다. 잘된 지원동기란 "내가 이 회사에 지원한 이유"뿐만 아니라 "왜 이 회사가 나를 채용해야 하는가?"를 거꾸로 더 생각하고 그에 대하여 작성한 글이라고 할 수 있다.

이 회사에 입사해서 3년 후, 5년 후, 10년 후의 모습을 기술함으로써 장기근속을 희망하는 내용을 어필 하는 것도 좋은 방법일 수 있다.

경력증명서, 연봉증명서 발급 방법

원천징수영수증 발급 방법

이직을 시도할 때 가장 먼저 접하게 되는 관문은 서류전형이다.

서류전형은 일반적으로 지원자가 작성한 이력서로 진행되는데, 이때 지원자가 이력서에 기재한 내용이 해당 포지션에서 요구하는 내용과 부합하는지가 그 쟁점이 될 것이다.

그러므로 경력기술서가 가장 중요한 사항이 되지만, 경력기술서 외에도 학력 사항, 연봉 사항, 자기소개서 등의 내용도 경우에 따라서는 합격의 당락을 좌우할 수 있는 주요한 요소가 될 수 있다. 특히나 연봉의 경우는 지원자나 사측 양측 모두에게 가장 민감하면서도 중요한 사항이 된다. 경력 사항이 부합하는 경우 지원자가 희망하는 연봉과 사측에서 지급 가능한 연봉이 일치해야 입사가 진행될 수 있기 때문이다. 그러므로 이력서상 최종연봉, 희망연봉은 서류전형의 주요 요소 중의 하나이며, 최종연봉은 희망연봉의 근거가 되는 요소로 작용하는 것들 중에 가장 큰 요소이기에 아주 중요하다.

연봉 사항이 이렇게 중요한 부분이지만, 사실 역설적으로 가장 많은 허위기재가 나타나는 부분도 바로 이 연봉 부분이고, 증빙이 어려운 연봉 내역의 경우 최종연봉의 근거로 인정받기 힘들 수 있다. 연봉 증빙에는 원천징수영수증이 가장 정확하다고 여겨진다. 연봉계약서가 존재할 경우에는 연봉계약서로 대신하기도 하고, 최근 3개월 급여명세서 등도 처우협의 시 중요한 서류가 된다. 이러한 서류들을 통해서 실제 급여가 어떻게 구성되었는지를 (기본급, 상여, 식대 등) 확인할 수 있기 때문이다.

연봉 증빙 서류 중 가장 보편적으로 활용되는 원천징수영수증은 국세청 홈택스 사이트에서 간단하게 발급이 가능하다. 홈택스 접속 전에 본인명의의 공인인증서를 준비해야 한다.

원천징수영수증 발급 방법

국세청 홈택스 접속(https://www.hometax.go.kr) ⇒ My NTS ⇒
공인인증서 로그인 ⇒ 지급명세서 등 제출내역 ⇒ 원천징수영수증 발급

이렇게 국세청 홈택스 사이트에서 발급받는 원천징수영수증의 경우, 관인 없이 제공되는 소득자확인용 서비스로 외부기관 제출용으로는 사용할 수 없지만, 경력 증빙용으로는 본인이 직접 사이트를 통해서 발

급 받은 증명서로 연봉 내역을 갈음한다.

대출이나 기타 사유로 은행 또는 관공서에 제출하는 용도로 원천징수영수증을 발급할 때는 회사에 요청하여 발급받아야 하지만, 이직 시 연봉 증빙을 위해 발급 시에는 재직 회사에 요청하지 않고 본인이 직접 발급 가능하므로 보다 수월하다.

TIP

개인정보가
노출되지 않나요?

간혹 개인정보 노출 등을 이야기하며 연봉 증빙 서류, 경력 증빙 서류 등의 제출을 불편해 하는 후보자들이 있는데, 이 경우 경력 증빙, 연봉 증빙이 필요한 이유를 설명하고, 그래도 내키지 않고 이를 거부하는 경우는 사측에

> "해당 후보자는 ○○기업에 본 서치펌의 추천으로 면접이 예정되어 있습니다. 커리어앤스카우트는 타 서치펌과는 다르게 ISO 인증을 받은 서치펌으로 면접 전 후보자의 경력 증빙, 연봉 증빙을 위한 서류를 후보자에게 요청하였으나 이를 거부하였습니다."

등의 내용으로 해당 사실을 알리게 된다.

서치펌헤드헌터를 통하여 헤드헌팅을 진행하는 경우, 지원자는 진행하는 헤드헌터의 룰을 따르는 것이 원칙이다.
서치펌헤드헌터는 인재 채용을 의뢰한 기업과 계약을 맺고 공식적으로 인재를 추천하며, 이렇게 헤드헌터를 통해서 추천된 인재는 일반적으로

다른 경로를 통해서 지원한 후보자들에 비하여 그 신뢰를 담보하며 포지션 진행을 하게 된다.
인증 받은 서치펌의 헤드헌터는 전문직으로서 민감한 개인정보를 다루기 때문에 자칫 잘못하거나 실수할 경우 직업안정법 등의 법률 위반으로 저촉을 받게 되므로 지원자 개인정보의 노출 위험은 크게 우려하지 않아도 된다.

헤드헌터를 통하여 추천된 후보자들의 신뢰성은, 이렇게 경력 및 연봉 증빙, 레퍼런스 체크(평판조회), 사전면접 등 헤드헌터가 후보자들을 추천하는 그 과정에서 비롯된 것이다. 그러므로 만약 후보자가 헤드헌팅과정 중에 헤드헌터의 규칙과 원칙을 따르지 않을 경우, 헤드헌터는 그 후보자의 이력의 신뢰성을 담보할 수 없고, 따라서 사측에 해당 후보자를 추천할 수 없다. 후보자가 해당 기업과 포지션에 아무리 적합한 이력을 가지고 있다 해도 마찬가지이다. 그 모든 이력보다 더 중요한 것은 태도와 인성이라 여기기 때문이다.

국민연금가입증명서 발급 방법

정규직 채용, 입사의 경우 4대보험이 가입된다. 그러므로 국민연금가입증명서를 보면 그간 어느 회사에서 얼마만큼의 기간 동안 근무했었는지를 명확하게 확인할 수 있다.

본인의 경력 관리를 위해서 한 번쯤 확인해 보는 것도 좋다. 간혹 헤드헌터로 헤드헌팅을 진행하면서 경력검증을 위해 국민연금가입증명서를 요구하면 그때서야 처음으로 국민연금가입증명서를 발급받아 보는 후보자들이 많다.

개인이 공인인증서만 있으면 국민연금 홈페이지에서 쉽게 발급이 가능하기 때문에 일일이 근무했던 회사에 연락해서 경력증명서를 요청하는 것보다 수월하다. 또한 국민연금가입증명서는 국가기관이 발급하여 주는 것이기 때문에 그 신빙성에 있어서도 경력증명서보다 우월하다 할 것이다.

증명서 출력 안내

① 국민연금공단 홈페이지(www.nps.or.kr) 접속
– 개인회원 가입 및 개인용 공인인증서 必
② 전자민원 메뉴 접속
③ 개인서비스 → 증명서 등 발급, 가입증명서 메뉴 접속
④ 공인인증서 로그인 (※ ID로그인 시 출력이 불가함)
⑤ 국민연금 가입내역 전체 이력 체크 후 프린터 출력

간혹 경력 증빙을 위해 국민연금가입증명서를 요청하면 보험료 납입내역과 예상 수령액 등의 금액이 적힌 문서를 보내오는 후보자들이 있다. 경력 증빙을 위해 필요한 자료는 국민연금 납입액, 수령액 등이 기재된 자료가 아니고, 재직 회사와 재직기간이 명기된 자료이다.

국민연금공단 홈페이지에서 개인서비스, 증명서 등 발급 메뉴에서 가장 첫 번째 메뉴인 가입증명서를 선택하고, "전체이력"으로 선택하여 발급하면 된다. 또는 국민연금공단 대표전화 1355로 상담원 연결하여 간단하게 팩스 진행도 가능하다. 전화하기 전에 주민등록증만 준비하면, 바로 팩스로 받아볼 수 있다.

면접 100% 합격을 위한 자세

면접, 나를 알고 회사를 알면 백전백승

헤드헌팅을 진행하면서 느끼는 것 중 하나는 입사에 대한 의지가 높은 지원자일수록 헤드헌터가 요구하는 내용에 잘 따라 준다는 것이다. 예를 들어 이력서 작성 및 수정 요청 등에도 "시간이 없어서요. 대신 해 주시면 안 될까요?" 하는 후보자는 거의 입사 의지가 높지 않은 것으로 보아도 무방한 경우가 다수이다. 본인이 절실하게 입사하고 싶은 회사인 경우, 입사 후에도 중요하게 작용할지 모르는 이력서 작성을 타인에게 부탁하는 일은 없기 때문이다.

면접도 마찬가지다. 면접 준비를 위해 헤드헌터가 근무하는 서치펌 사무실을 방문 요청하는 경우에도 입사 의지가 높은 지원자는 사측 면접 전 헤드헌터와의 미팅에 적극적으로 임한다. 메모하고 경청하며 면접 준비에 필요한 것들을 묻는다. 적극적으로 임하는 자세는 담당 헤드헌터에게도 좋은 인상을 남겨 인사팀에 한마디라도 더 해 주게 된다. 이런 경우 지원자가 더 착실하게 준비하기에 합격으로 이어질 확률 또한 높아진다.

그렇다면 면접 준비는 어떻게 시작하는 것이 좋을까? 기본은 본인의 이력 점검이지만, 여기서 또 하나 중요한 포인트는 지원하는 회사에 대한 것들이다. 나를 알고 상대를 알면 백전백승인 것처럼, 면접에서도 나를 알고 회사를 아는 것이 중요하다. 면접에서 나를 아는 것이란 나의 이력을 정확하게 파악하고 내 이력에 맞추어 지원하는 포지션에서 어떤 성과를 낼 수 있을지 연관 지어서 설명할 수 있는 능력을 갖추는 것을 말할 것이다.

그렇다면 회사에 대하여 안다는 것은 무엇을 이야기할까? 지원자는 아직 회사에 입사하기 전이기 때문에 정확하게 모든 것을 파악하고 가는 것은 무리일뿐더러 사측에서도 그 정도를 원하는 것은 아니다. 다만 회사에 대한 애정이 있다면 알 수 있는 기본적인 사항들은 모두 파악하고 있어야 한다. 설립연도, 매출액, 영업이익 등 회사에 대한 기본 정보와 더불어 최신 뉴스기사들은 당연히 살펴보고 면접에 임해야 한다.

해당 포지션에 입사했을 때 어떤 일을 하게 될지 상상해 보고, 입사 시 업무에 대하여 한두 가지 정도는 실제 수행한다고 생각하고 면접 전에 모의 연습을 해 보는 것도 주효할 수 있다. 영업직이라면 지원하는 회사에서 판매하는 상품을 어떻게 영업할 것인지에 대하여 혼자서 모의 업무수행을 면접 전에 해 보는 것이다. 이러한 연습은 면접에서 나올 당황스러운 질문에 당황하지 않고 대처할 수 있는 자신감을 줄 수 있다. 완벽하지는 않지만 이미 입사한 것처럼 업무를 모의 수행해 봤기 때문이다.

또한 인터넷에 떠도는 기업 문화에 대해서도 주의를 기울일 필요가 있다. 구글 같은 회사는 넥타이를 매고 면접에 가면 떨어진다. 구글의 기업 문화에 대하여 이해하지 못하고 있다고 여기기 때문이다. 반면 또 다른 외국계 기업은 넥타이를 착용하지 않고 가면 좋은 인상을 주지 못한다. 회사의 분위기에 어울리지 않는 사람이라고 여기기 때문이다.

면접 준비는 나를 알고 회사를 아는 것에서 시작함을 명심하여 모든 면접에서 승리를 거둘 수 있기를 기원한다.

면접 합격을 위한 기본 원칙 1

_(인성 면접) 회사를 좋아하기

기본적으로 면접이 진행된다면 면접 과정에서 면접관들이 알아보고자 하는 것은 후보자가 기본적인 인성이 되어 있는지, 그리고 해당 포지션에서 요구하는 직무 경험, 기술을 갖추고 있는지 일 것이다. 크게 인성 면접과 직무 면접으로 구분되는 것이다.

채용 면접에서 보는 인성이란 기본적으로 태도에 관한 문제일 수 있다. 후보자가 얼마나 지원의사가 있는지, 그냥 써본 것은 아닌지, 우리 회사에 정말 입사하고 싶은 것이 맞는지 등을 점검하는 것이다. 그러므로 인성 면접에서의 핵심 포인트는 태도와 입사 의지가 된다. 당연하지만 아무도 "그냥 다른 곳에서 다 떨어져서, 여기라도 써 봤어요." 하는 사람을 좋아하지는 않는다. 누구라도 나를 좋아하는 사람을 좋아한다.

그리고 이 부분에 있어서 모두들 이렇게 생각한다. "에이, 그런 거 하나 모르겠어요. 당연하죠."라고.

하지만 이 당연한 것들을 간혹 후보자들이 실수한다는 것이 문제다. 다들 당연한 것들이라고 하지만, 막상 면접에 가면 당황해서 본심이 나온다. 긴장하고 당황한 상태에서는 준비해왔던 말들은 다 사라지고,

본인의 본연의 천연의 모습이 등장하는 것이다.

많은 유능한 정치인들이 준비를 제대로 하지 않아 토론회에서 실수하고, 실패하는 것들도 다 이 때문인 것이다. (그들이 어떤 역량이 부족해서 토론회나 연설 준비를 하고 그 분야의 전문가를 찾아 코칭을 받는 것이 아닌 것처럼, 입사를 위한 면접을 준비하는 것도 마찬가지이다.)

그러므로 우리는 인성 면접을 대비하여 면접을 준비하면서 진심으로 해당 회사를 좋아하는 마음을 내 안에 장착해야 한다. 본심이 아닌 것은 당황하면 다 드러나고, 실수하게 되어 있다. 모든 것은 진실이어야 한다. 그래야 어떤 상황에서도 실수하지 않는다.

만약 어떤 회사에 면접이 잡혀 있고 성공하고 싶다면, 우리는 그 회사에 입사하기를 진심으로 원해야 한다. 그리고 그 회사를 정말 좋아해야 한다. 스스로 마인드컨트롤을 해야 한다는 말이다. (적어도 면접보기 전까지 만이라도 그래야 한다. 이것은 나를 위해 시간을 내는 분들을 위한, 상대를 위한 최소한의 예의일 수 있다.) 우리 회사를 좋아하고, 우리 회사의 가치와 비전에 공감하고 높게 평가하는 지원자에게 마음이 끌리는 것은 당연하다.

그리고 이 외의 업무 시의 태도, 조직 문화에 적응할 수 있는 사람인지를 볼 것이다. 협력할 수 있는 성격인지, 너무 배타적이지는 않은지, 힘든 일이 있을 때는 어떻게 헤쳐 나가곤 했는지 등을 살펴볼 것이다.

조직생활이 가능한 사람과 그렇지 않은 사람이 있다는 것이 개인적인 생각이다. 이는 어떤 한 부류가 더 좋다는 것이 아니라, 그냥 개인의 성격과 스타일상 그렇다는 것이다.

기업은 당연히 조직생활에 무사히 적응할 수 있는 사람을 원하고, 우리는 면접에 합격하고 싶다면 내가 조직생활을 하는 데에 있어서 무난한 사람이라는 것을 증명해야 한다.

면접 합격을 위한 기본 원칙 2

_(직무 면접) 자신감

개인적으로 직무 면접에서의 합격을 위한 핵심 포인트는 자신감이라고 단언한다. 요구하는 업무와 얼마나 부합하는 경력을 가지고 있는지에 대하여 면접관들은 깨알같이 질문할 것이다. 우수하고 실력이 있는 직원들이 많은 회사일수록 그 질문은 더 구체적이고 상세할 수 있다. 이때 내가 해당 분야에 얼마나 전문성을 가지고 있는지를 지원자는 자신감을 가지고 보여줘야 한다.

나는 고객사 채용 면접을 진행하기 전 후보자 사전 미팅을 진행하면서 늘 그들에게 "120%를 어필하세요."라고 이야기한다. 이것은 자신의 경력을 과장하라는 말이 아니다. 그만큼 자신과 자신이 해왔던 업무에 자신감을 가지고 이야기하라는 것이며, 쓸데없이 겸손하지 말라는 것이다.

인성 면접에서는 겸손이 중요할 수 있다. 하지만 직무 면접에서 겸손한 것은 해악이 될 수 있다. "제가 경력이 10년이기는 한데, 실은 대리 초년차 정도의 능력밖에 없어서요."라고 말하는 지원자를 선택할 기업은 없을 것이다.

경력 10년차이면, 10년차에 해당하는 능력을 반드시 갖추고 있어야 한다. 아니 12년차, 15년차의 능력이면 더욱 좋다. 상무급을 채용하는 자리라면 나는 적어도 전무급의 능력을 가지고 있음을 보여줄 수 있다면 좋을 것이다.

"나는 정말 괜찮은 사람이고, 또 나는 내가 하는 업무에 있어서만큼은 누구보다도 더한 전문성을 가지고 있다."라는 것을 어필할 수 있어야 한다. 최고가 되어야 하지만, 최고가 아니더라도 전문성을 자신감으로 말할 수 있는 정도는 되어야 한다.

면접은 자신을 프레젠테이션 할 수 있는 소중한 기회이다. 이런 기회를 그냥 날려버릴 수는 없다. 나를 발전시키는 하나의 장으로 생각하고 활용해도 좋다. 그렇게 해서 회사가 나를 선택하고 나도 회사를 선택한다면 그때부터 인생의 새로운 가능성을 타진해 보는 것이다. 그렇게 해서 내 인생의 커리어가 발전하는 것이지, 아무것도 하지 않는 인생에는 아무것도 아닌 인생만이 기다리고 있을 수밖에 없다.

물론 자신감이 있으려면 해당 분야에 대한 전문성이 밑바탕으로 깔려 있어야 할 것이다. 자신의 업무에 대한 전문성 없이 자신감은 절대 나올 수 없다. 그러므로 기업의 인사담당자 입장에서도 자신감 있고, 신빙성 있게 이야기하는 후보자를 선택하는 일이 채용의 실패를 줄이는 일이 될 것임은 당연하다.

그리고 이야기할 때는 최대한 가능한 한 긴장을 풀고 웃는 얼굴로 이야기해야 한다. (그래야 자신감 있어 보인다.)

한마디로 요약하자면 이렇다.

웃는 얼굴로 자신감 있게 자신의 업무를 이야기하기.

경력 면접을 준비하기 위한 구체적인 팁으로는 성과를 위주로 준비하라는 것이다. 두괄식으로 이야기하고, 너무 두서없이 장황하게 이야기해서는 안 된다. 성과는 실제적인 수치로 증명할 수 있으면 좋고, 이전 회사에서 기여했던 부분을 대상으로 한다. 그리고 그러한 부분을 이직할 회사에서도 충분히 발휘할 수 있음을 보여줘야 한다.

그리고 가장 간단한 것이지만, 시선을 면접관들 모두에게 두어야 한다. 질문을 한 사람이 했다고 해서, 그 질문에 대한 답을 하면서 그 사람만 계속 보고 대답해서는 안 된다. 면접에서 한 사람이 질문을 했더라도 그것은 면접관 모두가 질문한 것과 같기에 면접관들 모두에게 시선을 천천히 번갈아 가면서 두며 대답을 이어 가야 한다.

면접은 나를 세일즈 하는 것

_신입 채용 vs 경력 채용

세일즈, 영업이라고 하면 거부감을 느끼는 사람이 많을 것이다. 나도 자라던 시점 어느 지점에서 "평생 남한테 아쉬운 소리를 하지 않고 살 수 만 있어도 성공한 것"이라는 말을 아버지께 들었던 것으로 어렴풋이 기억한다.

그러나 부모님의 가르침 외에도 사회에 나와 사회적, 개인적으로 여러 가지 에피소드들을 경험한 지금의 나는 "절대 그렇지 않다."라는 것을 안다. 흔한 말인, 인간은 사회적 동물이라는 말은 인간은 누구나 타인과 밀접하게 또는 느슨하게 연관되어서 살 수밖에 없다는 말일 것이다. 그리고 그렇게 연관된 관계에서 우리는 어떤 종류의 것이든지 도움을 주고받을 수밖에 없다. 인간이 태어날 때, 부모의 헌신적인 보살핌 없이는 생존할 수 없는 것처럼 우리는 사회에 나와서도 타인의 도움이 없다면 생존하기 어렵다. 가정에서도 사회에서도 서로 도움을 주고받을 수밖에 없다.

오래 전 영화이지만, 1998년 박신양과 전도연 배우가 주연으로 나왔던 〈약속〉이라는 영화에서는 박신양이 전도연에게 "다른 사람의 도움을 받기 싫다는 것은, 당신도 누군가에게 도움을 주기 싫다는 뜻이야."라고 말하는 장면이 나온다. 세상을 살아가는 우리네 사람들은 결코 혼자 살아갈 수 없고, 결코 혼자 힘으로는 성공할 수 없다.

그러므로 "남한테 아쉬운 소리를 하지 않고 사는 것"을 목표로 삼아서는 사회적으로 어떤 중요한 위치를 차지하는 데까지 성공하기가 힘들 것이다. 왜냐하면 사람이 성장하기 위해서는 나 외에 다른 누군가의 도움이 반드시 필요하고, 내가 가만히 있는데, 내가 말도 안 하는데, 타인이 알아서 내 눈빛만 보고 나를 도와주는 그런 기적 같은 일은 생기지 않기 때문이다.

우리가 무언가를 이루기 위해서 때론 적극적으로 타인에게 도움을 요청하는 일이 필요하기도 하고, 적극적으로 나를 어필하는 일이 필요하다. 그리고 면접은 그 중의 하나로, 내가 그 회사에 입사하기 위해서 적극적으로 나를 보여주는 자리이고, 나를 세일즈 하는 일이라고 할 수 있다.

우리가 원하는 직장에 들어가고, 원하는 일자리를 얻기 위해서는 보다 적극적으로 회사와 면접관에게 나를 광고해야 한다. 즉, 나를 팔아야 한다는 것이다.

그러면 나의 무엇을 팔아야 할까? 신입 채용이라면 나의 가능성을 파는 것이고, 경력 채용이라면 나의 전문성을 파는 것이라고 할 수 있을 것이다.

입사 지원하고, 면접을 보는 것은 나를 세일즈 하는 최전선이라고 할 수 있다. 이제 갓 대학을 졸업한 신입사원이라면, 성장과정과 대학생활을 통해 보여줄 수 있는 나의 가능성을 팔아야 한다. 내가 얼마나 진취적이며, 내가 얼마나 회사에서 필요한 능력을 갖추기 위해 노력해 왔는지를 팔아야 하는 것이다. 아직 직장 경험이 없으므로 그것은 그저 '가능성'에 불과한 것이다. 하지만, 그래도 눈에 보이지 않는 그것을 최대한 눈에 보이게끔 포장해서 팔아야 한다. 다행인 것은 나와 경쟁하는 다른 후보자들도 비슷하게 그저 '가능성' 만을 두고 판단된다는 사실일 것이다.

하지만 경력직 채용은 다르다. 신입사원의 옷을 벗는 순간 경력관리, 커리어관리에 들어가야 한다. 우리가 이직하려고 할 때, 경력직 채용에 지원한다면 결코 '가능성' 만으로 원하는 결과를 얻어낼 수 없다. 가능성으로 어필할 수 있는 때는 대학을 막 졸업하고 사회에 갓 나온 신입사원 때일 뿐이다. 그 이후 우리는 철저하게 '전문성'으로 검증 받는다. 눈에 보이지 않는 가능성이 아닌 눈에 보이는 전문성을 팔 수 있어야 한다는 것이다. 경력직 채용은 반드시 '나의 전문성을 파는 자리'가 되어야 한다.

그리고 명심해야 할 것은 회사는 나를 사는 것이 아니라, 나의 전문성을 사는 것이라는 사실이다. 회사에서 나를 사는 것이 아니라는 뜻은, 그 회사에서 나를 책임져 주지 않는다는 뜻과 같다. 그러므로 그 회사에 평생직장을 요구하는 것은 어불성설이며, 나는 그 회사에서 더욱 더 나의 전문성을 발휘하고 갈고 닦아, 나이를 먹을수록 없어지는 포지션 개수에 대비해야 한다.

40대 중반이면 이미 커리어의 절정기이고, 50대만 되면 임원급 자리 외에는 남지 않는 것이 현실이다. 물론 이 나이는 점점 더 어려지고 있다. 줄어드는 자리에 맞추어 커리어를 맞추어 나가든지, 아니면 직장생활에서의 전문성을 발판으로 커리어를 독립시키는 것을 고려해 봐야 하는 것이다.

면접에서 나를 특별하게 느끼도록 하는 방법

"서류전형 합격하심을 축하드립니다. 이에 면접 일정을 안내 드립니다."

서류 합격한 것만으로도 사실 아주 기쁠 것이다. 서류 통과마저 힘든 경우가 아주 많으니 말이다. 하지만 기쁨을 즐길 새도 잘나, 면접은 더욱 착실히 준비해야 한다. 왜냐하면 면접 경쟁자는 서류 경쟁자보다 더욱 막강할 확률이 높기 때문이다. 못해도 나 정도는 하는 사람들일 것이라고 생각하면 맞다. 그리고 면접을 보는 사람들은 기본적으로 사측에서 요구하는 기본요건에 부합하는 사람들이므로, 그들 사이에서 돋보이는 것은 쉽지 않을 수 있다.

나는 면접을 준비 중인 후보자들에게 다음과 같이 설명한다.

"면접은 기본적으로 인성을 보는 것입니다. 다만, 경력직 면접에서는 바로 업무에 투입될 인재를 원하므로, 서류에 기재된 내용들을 직접 수행해 본 것이 맞는지를 확인하는 작업이 이루어지겠죠. 그리고 해당 업무를 바로 수행할 만한 역량이 있는 것으로 판명된다면 채용 결정을 할 겁니다. 그러니까, 사실 서류를 통과했다는 것만으로 업무에 부합하는 요건을 갖추었다는 뜻이기는 한데, 글로 적어놓은 것을 얼마나 대면해서 말로 잘 풀어내느냐가 관건이 될 것입니다."

길게 이야기하지만, 결국 결정 요인은 얼마나 직무에 부합하느냐 이지만, 본질적으로 면접은 인성을 보는 데에 있다는 것을 절대 잊어서는 안 된다는 것이다. 왜냐하면 직무 적합도는 서류에 이미 다 나와 있기 때문이다.

내가 어떤 일을 해왔는지는 서류를 보면 안다. 그러므로 직무 적합도에 대하여 면접에서 하는 것은 서류에 기재되어 있는 것들이 과연 사실인지 확인하는 것일 뿐이고, 진짜 면접의 목적은 인성, 태도 등을 보기 위한 것이라는 사실을 잊어서는 안 된다.

하지만 면접이 가지고 있는 근본적인 결점은 그 '인성'이라는 것을 명확하게 파악하기 힘들다는 데 있을 것이다. 짧게는 30분, 길게는 2시간 정도, 보통 1시간 정도의 면접을 가지고 그 사람이 어떤 사람인지 어떻게 파악할 수 있을까? 이 사람이 누구나에게 상냥한 성격을 가지고 있는지, 또는 이 사람이 주위 사람들에게 호감적인 인상을 가진 사람인지, 부하 직원들을 통솔할 수 있는 리더십은 있는 사람인지, 자기 절제력은 있는지 등의 많은 것들을 다만 1시간 남짓의 면접으로 어떻게 파악해야 한다는 말인가? 아마 면접관은 그 '인성'이라는 것을 자신의 순간적인 '느낌'으로 판단하게 될 확률이 대단히 높다고 할 것이다.

반대로 면접자는 짧은 시간 내에 자신을 어떻게 보여줄 수 있을까? 어쩌면 자신의 주관적인 느낌으로 후보자들의 인성을 판단할지도 모를 면접관에게 어떻게 하면 긍정적인 '느낌'을 줄 수 있을까?

나는 그 답을 면접관과의 관계를 형성하는 데에서 찾을 수 있다고 생각한다. 면접관도 '사람'임을 이용하는 것이다. 즉, 면접관도 사람이므로 그도 아마 '인지상정'에 따라 움직일 거라고 생각해 보는 것이다. 그는 자신과 비슷하거나, 자신의 성향과 가까울 것 같은 사람, 그리고 자신이 왠지 모르게 호감을 느끼는 사람을 선택할 것이다. 우리는 짧은 시간 안에 면접관에게 마치 '친한' 것 같은 느낌을 줘야 한다.

사실 어떤 사람들이 친해지기 위해서는 그들이 가족이거나, 친척 또는 어릴 때의 친구여서 오랜 기간 동안 가까이에서 두고 보고 지내는 방법이 있다. 오랜 기간 동안 함께 지내면서 서로의 역사를 알게 되고 그러면서 굳이 "말하지 않아도, 알게 되는" 사항들이 많아지기 때문이다.

그런데 만난 기간이 짧은 사람들끼리는 어떻게 서로 간의 거리를 좁히고 친밀한 관계를 형성할 수 있을까? 비교적 짧은 기간 동안 가장 효과적으로 친해지기 위한 방법은, 바로 서로의 과거를 공유하는 데에 있다. 내 옆에 있는 사람의 '현재'만을 공유해서는 우리 사이에 남아 있는 뭔가 모를 이질감을 떨치기가 힘들 때가 많다. 하지만 만약 그가 그동안 어떻게 살아왔는지, 어떤 힘든 일이 있었고, 어떻게 그것들을 극복해 왔는지 그의 '과거'를 알게 되는 순간, 나는 그를 이해하게 되고, 그와 가까워진 것 같은 느낌을 가질 확률이 높아진다.

내가 어떤 사람인지는 내가 쌓아온 나의 과거가 말해 주는 것일 테고, 서로가 온전하고 진실한 모습으로 상대에게 나아가는 것이 서로 진정한 교류를 할 수 있는 방법이기 때문이다. 우리는 바로 이때 서로 '친하다'는 느낌을 받게 된다.

방금 만난 면접관과 내가 뭔가 특별한 관계인 것처럼 느끼게 하는 것도 비슷한 논리를 적용해 볼 수 있을 것이다. 물론 많이 긴장되고 떨려서 힘들 것이고, 질문을 주관하는 사람이 면접관이다 보니 이야기 흐름을 내가 이끌어 가는 것도 무리가 있다. 하지만 기회가 된다면 면접관의 질문에 나의 '힘든 이야기'들을 섞어서 털어놓는 것이다. 물론 이것은 '경력에 관한 것'이어야 하고, 그러한 힘든 점이 현재도 힘든 게 아니라, 이미 '극복한 대상'이어야 한다.

나는 면접을 코칭할 때, 면접 때 나오는 질문에 대해서 대답할 사례들을 준비하라고 이야기해 둔다. 그리고 바로 그러한 사례들 중에 몇 가지는 반드시 '힘든 과거'여야 한다는 것이다. 우리가 서로 힘든 과거를 공유할 수 있을 때, 서로 진정한 친구가 되는 것이다.

물론 면접관도 그런 힘든 이야기를 털어놓지는 않을 것이다. 면접에서 마음을 터놓은 것은 그 자리에 면접자로 앉아 있는 나 혼자이겠지만, 내가 털어놓는 힘든 사건, 그리고 그것을 극복한 과정의 일종의 '휴먼스토리'는 이미 면접관의 가슴에 가서 박힐 수 있고, 그 순간 나는 그에게 특별한 존재가 될 수 있는 가능성이 열리게 되는 것이다.

경력직 이직 시,
회사에 대한 로열티에 대하여

이직 시 지원동기, 입사 의지가 중요하다고는 항상 하는 말이긴 하다. 간혹 지원자들 중에는 "저는 이 회사를 평생직장으로 생각하고 지원하였습니다."라는 언급을 강조하는 사람도 있다. 과연 경력직 이직 시 지원의사, 입사 의지, 회사에 대한 로열티는 채용 면접에서 얼마만큼이나 비중 있게 작용할까?

나는 후보자 사전 미팅을 진행하면서, 입사 의지는 아주 중요하지만, 그건 '기본', base일 뿐이라고 이야기한다. '내가 너를 좋아하는 것'은 없으면 아예 채용의 대상으로 고려대상이 될 수조차 없지만, 좋아하는 마음 하나만 가지고는 그 어떤 일도 성사시킬 수 없다는 말이다.

내가 좋아하는 이성의 마음을 얻기 위해, 그를 사랑하는 마음만으로는 부족하다는 것이다. 나는 그의 반쪽이 되기 위해, 그가 원하는 것을 가지고 있어야 한다. 사랑을 하기 위해서는 용기가 필요하지만, 사랑을 받기 위해서는 능력이 필요한 것과 같이, 우리가 원하는 기업에서 입사 요청을 받기까지 나는 그 회사에서 요구하는 그가 원하는 능력을 갖추고 있어야 하는 것이다.

경력직 채용, 이직에서 지원동기, 입사 의지, 기업에 대한 로열티 부분은 사실 굉장히 이율배반적인 부분이 아닐 수 없다. 사실 "그렇게까지 재직 회사에 충성을 바치는 사람이라면, 왜 지금 다니고 있는, 혹은 이전에 다녔던 기업에는 충성하지 않았는가?"라는 질문을 필연적으로 가질 수밖에 없기 때문이다. 이전 직장에는 충성을 맹세하지 않았으면서, 우리 회사에는 충성을 맹세하겠다는 후보자를 기업에서는 무엇을 근거로 신뢰할 수 있을까? 다시 지금과 같은 상황과 요건이 갖추어진다면, 지금 우리 회사보다 더 나은 회사를 찾아 이직할 것이라고 생각하지 않을 수 있을까?

사실 그래서 경력직 이직에서 지원동기, 입사 의지, 기업에 대한 로열티 부분은 우리 모두가 알고도 속고, 모르고도 속는 부분의 하나일 것이다. 면접관들도 사실은 한 기업의 직장인이므로, 지원자들이 지원동기 등에 대하여 말하는 부분에 대하여 다 이해한다.

하지만 그들은 지금 면접관으로 '사측'의 입장에 서 있기 때문에 사측의 입장에 충실하여 지원자들의 이야기를 듣고 판단하게 되는 것이다.

그렇다면 지원하는 기업에 대한 로열티는 필요하지 않다는 것인가? 그렇지는 않다. 누구도 자신을 좋아하지 않는 사람과 함께 있고 싶어

하지는 않는다. 그러므로 해당 기업을 좋아하고, 그 기업의 비전에 공감하고, 그 기업과 가능한 오랜 기간 함께 일하고 발전하고 싶어 함은 충분히 이야기되어야 한다. 하지만 문제는 거기에만 이야기의 초점이 맞추어져서는 안 된다는 것이다.

우리는 '내가 이 회사에서 일하고 싶은 이유'와 더불어 더 중요하게 '당신이 왜 나를 뽑아야 하는지'에 대하여 이야기할 수 있어야 한다. 그러기 위해서는 내가 이 기업에 입사하고 싶은 이유는 기본적으로 탑재되어야 하는 마음가짐이지만, 이것은 정말 가장 기본적인 사항에 불과하다는 것을 명심해야 한다.

그러면 경력직 이직 시 채용을 결정짓는 진짜 중요한 것은 무엇일까? 그것은 두말할 필요 없이 '직무 적합도'이다. 물론 채용이 한 가지 요소만으로 결정되는 것은 아니기에, 채용 결정이 내려지기까지 수많은 요소들이 판단요인으로 작용하겠지만, 그중에 굳이 한 가지만을 가장 중요한 요소로 꼽으라면, 그것은 그 어떤 것도 아닌 '직무 적합도'임에는 이견이 없을 것이다. 채용 면접에서 '회사에 대한 로열티'로 어필해야 하는 것이 아니라, '나의 전문성으로 이 회사에 어떻게 기여할 것'으로 어필해야 한다.

면접 합격을 위한 필수 탑재 마인드
_평생직장은 없겠지만, 평생직장이라고 생각합니다

평생직장은 옛말이다. 평생직장은 없으니 최고가 되어 떠나야 한다는 마음가짐은 오히려 요즘의 직장인들에게는 필수인 자세라고 할 수 있을 것이다. 사실 "이곳에서 일하면서 나는 최고가 되겠다."는 마음가짐은 비단 직장인들뿐만 아니라, 그를 고용하는 고용주 입장에서도 반가운 일이다.

'최고를 만들어 낼 수 있는 장'이 될 수 있는 곳이라는 상징성과 더불어, 만약 그를 붙잡고 싶다면 그에게 그만한 대우를 해 주면 되는 것이고, 그렇지 않다면 그냥 보내주면 되는 선택지 또한 고용주에게 일정 부분 존재하는 것이기 때문이다. 내게 온 당신을 최고로 만들어 줄 수 있는 능력 또한 아무나 가질 수 없는 것이기에, '입사하면 최고가 되어 떠날 수 있는 곳'은 어쩌면 요즘 시대 최고의 직장일 것이다.

이렇듯이 평생직장은 없고, 대신 그곳에서 일하면서 내가 얼마나 전문성을 갈고 닦을 수 있는지가 이직의 중요 요인이 된다는 것은 당신도 알고 나도 아는 당연한 사실이지만, 면접을 볼 때는 그래도 이 부분에서 조금은 조심해야 할 점이 있다는 사실 또한 유념해야 한다. 이러한 생각을 드러내놓고 이야기하는 경우, "이 사람은 여기 조금 있다가 다른 곳으로 떠날 사람이군."이라는 인상을 줄 수 있어서 면접에서 좋지 않은 결과를 받을 수 있는 확률이 많기 때문이다.

경력직이 이직할 경우, 그가 이미 다니던 회사를 떠나 다른 곳을 지원하고 있다는 사실은 변함없는 사실이기 때문에 신입지원일 때보다 더욱 이런 점에 신경을 써야 한다. 회사에서는 당신을 채용하고 난 후 당신이 얼마 지나지 않아 다른 기업으로 떠나고 또 다시 채용에 나서야 하는 상황을 원하지 않기 때문이다. 회사에서는 채용을 진행할 때 당연히 오래 같이 일할 사람을 원하고, 이러한 내용을 면접에서 확인 받고 싶어 한다. 그런데 이때 "저는 평생직장은 없다고 생각합니다. 이곳에 지원한 이유는 저의 커리어에 도움이 되기 때문입니다."라고 말한다면 나는 언제고 그를 떠날 수 있는 사람으로 비춰질 수밖에 없다.

실제로 A는 ㄱ 회사에 입사하고 싶었다. 그는 ㄱ 회사에 입사하고 한 10년 정도 근무하면 자신에게 굉장한 메리트가 생길 것이라고 기대할 수 있었고, 회사에서 배운 기술을 가지고 새롭게 자신만의 삶을 개척하고 싶었다. 영원히 조직생활을 계속할 수는 없겠지만, 조직생활을 통해 배운 여러 가지 것들을 가지고 커리어를 독립해서 새로운 삶을 만들어 가기에 ㄱ 회사에서의 근무는 가장 적절한 옵션이라고 판단했기 때문이었다. 그리고 A는 면접에 가서 그대로 자신의 생각을 이야기했고, 결과는 탈락이었다. "우리는 평생 함께 할 직원을 원해요. 면접 때 몇 번을 넌지시 물어봤는데, A는 우리 회사를 그저 거쳐 가는 곳으로만 생각하더라고요."라는 것이 그의 탈락의 이유였다.

물론 회사의 분위기나 면접관의 성향에 따라, 나는 "이곳에서 최고가 될 자신이 있다. 그리고 그것이 나의 이후의 커리어에도 도움이 될 것이라고 생각한다." 등의 이야기를 하는 것이 적절한 답변일 수도 있을 것이다. 이러한 질문의 대답은 면접 당시의 분위기에 따라 달라지겠지만, 다만 만약 상황 파악이 힘들 경우 가장 안전한 대답은 "나는 이곳에서 최고가 되어 떠나겠다."라는 것이 아니라, "나는 이곳에서 최고가 되어, 이 회사의 성장에 지속적으로 기여하겠다."이어야 한다.

설사 평생직장은 없다는 사실에 충분히 공감하는 사람이라고 할지라도 우리 회사에서 열심히 일해서 최고가 되고, 최고가 된 이후에도 계속 함께 하겠다는 사람을 싫어할 사람은 아무도 없기 때문이다.

만약 당신이 "모두가 다 아는 당연한 사실에 대해서 왜 솔직하게 말하는 것이 안 되고, 왜 이것이 감점의 요인이 되는가?"라고 질문한다면 나는 "보다 성숙한 사람이란 솔직한 사람보다는 어느 정도는 자신의 감정과 생각을 조절하여 표현하는 사람인 것."이라고 이야기해 주고 싶다.

나이가 들고 성인이 된 이후부터 내 감정과 생각에 "솔직하다."는 것은 사실 지향해야 할 바도 아니고, 장점도 될 수 없다. 타인과 함께 사는 세상에서 타인을 배려하고, 나와 함께 있고 내 옆에서 상호작용하는 당신을 배려할 수 있는 사람이라면, 내가 하는 표현으로 인해 영향을 받게 되는 당신을 생각해서 내 감정과 표현을 절제할 수 있는 능력이 있어야 하는 것이다. 내 감정과 생각을 온전히 드러내면서 "나는 솔직하다."라고 말하는 것은 흡사 어린아이의 태도에 다름 아니다.

그러므로 "평생직장은 없다."라는 당신도 알고 나도 아는 모두가 다 아는 이 사실에 대하여도, 면접에서만큼은 회사와 면접관을 배려해서 어느 정도 당신의 솔직함을 절제해야 할 필요가 있는 것이다. "평생직장은 없겠지만, 저는 이곳을 평생직장이라고 생각합니다."라는 마인드는 회사와 면접관에 대한 일종의 배려이고, 내가 성숙한 인간임을 증명할 수 있는 수단이 될 것이다.

입사 전 기업과의 모든 이벤트는 모두 면접

최종합격하고, 처우협의를 모두 마치고, 평판조회까지 모두 마친 후보자 A가 있었다. 아니, 이제 A는 후보자가 아닌 합격자라고 지칭해야 하는 상태였고, 그는 이미 재직 중인 회사에 퇴사 통보까지 다 해 둔 상황이었다. 그렇게 입사일을 기다리고 있는 즈음, A가 입사하기로 한 회사의 본사인 홍콩에서 연락이 왔다.

"◯월 ◯일에 서울에서 우리 회사가 참여하는 세미나가 있어요. 그때 다른 나라 임원들도 참석할 예정이라, 이런 기회도 흔치 않기도 하고 해서, ◯월 ◯일에 입사하기로 한 A 님이 그 세미나에 참석하실 수 있으실까요? 그날 세미나 참석하시면 근무일에 산입해서 급여 지급은 될 겁니다."

입사 전이었지만, 회사 일정에 참여해 달라는 내용이었고, 해당 내용을 A에게 전달했으나, A는 아직 재직 중인 회사의 인수인계 중이어서 곤란해 했다.

"입사는 너무 하고 싶은데, 그날 세미나에 참석하지 않으면 혹시 회사에서 많이 싫어할까요? 좀 힘들기는 한데, 회사에서 꼭 참석해야 한다고 하면 무리해서라도 참석해야 할까 봐요."

A의 이야기를 듣고, 나는 홍콩 본사 담당자에게 합격자의 상황을 알리고 그날 꼭 참석해야 하는지 다시 한번 물었다. 회사에서 강력하게 그날 세미나 참석을 요구하면 다시 A에게 해당 내용을 안내할 생각이었으나, 다행히 그렇지는 않았고 A는 입사 전에 회사에서 요구했던 세미나에 참석하지는 못했지만 무사히 입사했고, 현재까지도 잘 다니고 있다.

입사 전에 며칠 일찍 나와서 인수인계를 받기 요구하는 회사도 있다. 본래는 입사일 이후, 근로계약서를 작성한 이후에 인수인계를 포함한 업무를 시작하는 것이 맞지만, 간혹 이런 일들이 있기도 하다. 이럴 경우 회사에 해당 내용을 안내하지만, 입사자의 입사일이 되면 이미 전임자가 퇴사한 후라 인수인계가 불가하다면서 원활한 업무를 위해 며칠만 먼저 나와서 인수인계를 받기를 원하는 것이다.

다만 이런 경우 옳고 그름을 떠나 기업과 합격자 모두에게 좋지 않은 결과를 발생시킬 수도 있는 상황이라는 것을 주지해야 할 필요는 있다. 입사 후에도 수습 기간 등의 시기를 거쳐서 입사자를 판단할 수 있는 기회는 충분히 있다.

이것은 입사자 입장에서도 마찬가지일 것이다. 입사 전에 며칠 먼저 나와서 근무환경을 경험해 보는 것도 수습 기간과 비슷한 의미에서 서로가 맞는지를 확인하는 과정이니 좋다고 생각할 수 있지만, 입사 후 수습 기간과 입사 전에 며칠 나와서 근무하는 것은 확연하게 다르다.

비유를 하자면 입사 전에 며칠 함께 근무하는 것은 마치 결혼 전에 동거하는 것과 같다고 할 수 있을 것이다. 결혼식을 올리고 혼인신고를 한 이후에는 서로에게 단점이 조금 보이더라도 그 관계를 쉽사리 허물지 않는다. 하지만 결혼하기 전에 서로가 어떤 사람인지를 미리 알기 위해 동거한다면, 그 과정에 보이는 작은 단점에도 어쩌면 관계를 물리고 싶은 마음이 더 쉽게 들 것이다. 그러면서 이렇게 생각할 것이다. "결혼하기 전에 이런 걸 먼저 알았으니, 얼마나 다행이야."라고. 물론 그럴 수 있다.

하지만 여기서 한번 짚고 넘어가야 할 점은 서로가 다르게 살아온 사람이 함께 살게 될 경우, 절대 모든 것이 다 유하게 지나가지만은 않는다는 사실이다. 반드시 서로의 단점이 보이게 된다. 다만 그때 우리의 자세를 생각해 보는 것이다. 이 단점을 내가 보듬고 갈 것인지, 아니면 그냥 그 단점으로 인해 그사람의 다른 장점마저도 포기할 것인지.

어떤 선택이 향후에 더 좋을지는 차치하고서라도, 일단 기억해야 할 것은 입사하고 난 후라면 보듬고 갈만한 문제들도 입사하기 전이라면 그렇지 않은 선택을 할 가능성이 더 높다는 사실일 것이다.

입사 전에 기업과 발생하는 모든 이벤트는 전부 또 하나의 면접임을 명심해야 한다.

이직의 마지막 관문:
연봉 협상

연봉 협상이 어려운 이유

서류전형을 진행하고, 면접을 보고, 합격 통지를 받았을 때는 기쁘다. 이직을 생각했던 이유가 있었고, 또 해당 기업에 지원했던 이유도 반드시 있었기 때문이다. 하지만 최종 합격 이후에도 해결해야 할 가장 큰 사안이 남아 있는데, 바로 연봉 협의 과정이다.

최종 합격 이후 제시된 연봉이 마음에 들지 않아 입사를 포기하겠다는 생각이 든다면 사실 더 이상의 협의 과정은 필요하지 않다. 하지만 싫지는 않지만 서운한 경우, 이런 때에는 연봉협의 과정만큼 중요한 순간이 없다. 회사에서 제시한 내용이 조금 서운하지만 내가 지원했던 회사에 합격했고, 이 회사에 입사하는 것만으로 '감개무량'한 경우라면 그저 받아들이고 입사하면 문제될 것이 없다.

하지만 만약 서운한 마음을 여전히 가득 안고 입사하는 경우, 입사 후 근무를 하면서도 계속 "아, 다른 기업에 간다면 더 나을 수 있었을 텐데."라는 생각이 들 것만 같다면, 이는 입사 후 새로운 환경에 원만하게 적응하는 데에 굉장히 큰 걸림돌이 될 수 있다. 그러므로 서로 마음에 들지만 약간의 서운한 마음을 감출 수 없는 경우, 이런 경우에 연봉협의 과정은 채용기업과 합격자 양 상대방이 최대한 서로 마음이 상하지 않도록 하는 것을 전제로 하여, 서로가 만족할 만한 결과를 이끌어내야 하는 과정이 된다. 그런데 이게 참으로 쉽지 않은 어려운 과정이고, 이 과정 중에 협의가 무산되는 경우도 종종 발생한다.

일반적으로 헤드헌터 펌을 '서치펌'이라고 하지만, 나는 헤드헌터의 실력이 인재를 '서칭'하는 데에서도 발현될 수 있지만, 그보다 더 진짜의 실력은 이러한 협의의 과정에 있다고 생각한다. 물론 채용기업에서 원하는 적합한 요건을 갖춘 인재를 찾고, 그 인재에게서 지원의사를 확보하고, 또 이를 검증하는 과정 또한 지난하지 않은 것은 아니지만, 이보다 훨씬 더 깊은 고도의 지능적인 언행구사가 필요한 시점이 바로 이러한 협의의 과정인 것이다.

이제 막 합격 통보를 받은 합격자와 채용기업 사이에는 사실 서로 좋아하지만, 아직은 함께 하지 않은 상태에서 발생할 수밖에 없는 미묘한 시각 차이가 존재한다. 아직 함께 일해 본 적이 없는데도 불구하고, 다만 몇 시간만의 만남으로 양쪽 모두 굉장히 큰 결정을 해야 하기 때문이다.

합격자 입장에서는 몇 시간의 만남과 외부인의 입장에서 판단한 정보만을 가지고 나의 시간과 노동력을 제공하기로 하는 약정을 해야 하고, 이러한 약정은 그 사람의 미래 커리어에 큰 방향을 정하는 기점이 될 수도 있기에 인생에서 아주 중요한 결정 중의 하나일 것이다. 그리고 채용 기업의 입장에서는 다만 몇 시간의 면접 이후 적게는 몇 천만 원, 많게는 몇 억 원이 되는 계약에 서명해야 하는 것이기에, 이 또한 굉장한 무게를 갖는 결정이 된다.

물론 이러한 맹점 때문에 근로계약서 작성 이후에 일반적으로 몇 개월의 수습(시용) 기간이 존재하기도 하지만 수습 기간이 존재한다는 사실만으로 채용 결정이 지니는 무게가 아주 가벼워지는 것은 아니며, 합격자이든 채용 기업이든 결정에 신중할 수밖에 없다.

합격 통보를 받기 전에야 합격만 했으면 하는 생각도 있었지만, 합격 사실을 알고 난 후부터는 약간 생각이 달라지는 것도 어쩔 수 없다. 세상 누구나 아무도 손해 보는 장사는 안 하려고 할 테고, 또 다들 머릿속에 계산기 하나 가지고 있지 않은 경우는 없을 것이기 때문이다.

그리고 제 아무리 내가 상대의 사정 다 고려하고 배려해서 내 선에서 해 줄 수 있는 것을 제시한다고 한들, 서로 지금까지 몇 시간의 만남 이외에 아무런 접촉도 없었던 사이에서 이루어지는 계약이기에, 상대의 입장에서는 조금 서운할 수도 있는 것은 서로의 머릿속에 들어 있는 계산기의 종류가 다르기 때문에 어쩌면 당연한 반응일 것이다. 서로의 계산기는 철저하게 자신의 입장을 기반으로 하여 작동되기 때문이다.

다만, 합격자 입장에서 생각해 볼 것은 나를 이토록 좋아한다는 표현을 해 준 상대가 고마운 것이고, 또 한편으로는 조금 서운해도 나를 이토록 좋아해 주는 상대와 지내는 것, 함께 일하는 것이 그렇지 않은 경우보다 더 수월하고, 행복할 수도 있다는 사실이다.

물론 아무리 그렇다고 할지라도, 내게 주어진 다른 옵션을 생각하지 않을 수 없고, 이대로 지금의 상대를 받아들이기엔 어쩔 수 없이 속세에 사는 인간인지라, 약간이나마 서운한 마음을 떨치지 못할까 봐 조금 두려울 수도 있을 것이다.

이렇게 서로 마음에 들어 하고 좋아하는 경우도 찾기 어렵다는 것은 양쪽 상대가 다 알고 있다. 그리고 어쩌면 양 상대방 중에서 한쪽이 더 좋아할 수도 있을 것이다. 혹시 그렇다면, 더 좋아하는 쪽이 그저 받아들이고 상대를 잡기 위해서 조금 더 양보해야 하는 것인지, 아니면 원활한 시작을 위해서 서로 조금씩 양보해야 하는 것인지는 매번 연봉 협상을 할 때마다 고민되는 지점이 된다.

연봉 협상의 원칙 1

_이직 시 (연봉 협의 시) 적정 연봉에 대하여

연봉은 '연'봉일 뿐입니다.

이직을 고려할 때, "연봉이 가장 중요하다."라고 말하는 지원자들을 종종 접하게 된다. 하지만 과연 그럴까? 많은 이직 사유에서 등장하는 것이 소위 '경력개발'이다. 그리고 정말 이직은 자신의 경력을 개발할 수 있는 방향으로 움직여야 한다. 그것이 더 경력이 쌓이고 시니어가 되었을 때, 어필할 수 있는 '단 한 가지'가 되기 때문이다. 그러므로 이직할 때 가장 중요한 것은 '경력개발, 경력의 전문성 함양'이 되어야 하지, 연봉 인상이 될 수도 없고, 되어서도 안 된다.

물론 돈이 인생에 중요하지 않다는 말을 하려는 것은 아니다. 직장을 생계유지가 아닌 취미로 다니라는 말을 하고자 하는 것도 아니다. 다만, 이직할 때 그 요점이 될 수 있는 것에 대하여 이야기하는 것이다. 연봉을 포인트로 해서 움직여서는 안 된다.

이직할 때 연봉 인상이란 지원자가 현재 회사에 그대로 재직하는 것보다 이직을 함으로써 생기는 위험을 보전하는 정도에서 그치는 것이 가장 바람직하고, 그 정도는 흔히 최종 연봉액의 7~10%가 인상되는 정도이다. 이 정도보다 더 큰 금액의 연봉인상은 바람직하지 않다. 연봉 인상률을 아주 높이 하여 이직한다고 한들 그 정도의 연봉액이 다음해에도 유지가 될지 알 수 없으며, 이럴 경우 이후의 연봉이 인상되지 않아 또 이직하게 된다면 경력관리에 상당한 마이너스 요소가 될 수 있기 때문이다.

채용 결정은 입사해야 하는 지원자 입장에서도 인생이 걸린 아주 큰 사건이지만, 사측에서는 서류 검토와 면접, 1시간 정도 내외로 몇 천만 원의 계약을 하는 더욱 큰 사건이다. 그리고 굳이 그 무게의 경중을 따지자면, 아마도 근로를 제공하는 계약을 하는 입장에서 커리어의 방향과 맞지 않는 경우, 근무한 시간을 배움의 시간이라 여기고 다시 다른 경로를 찾을 수 있는 지원자에 비해서 채용 후 아무리 마음에 들지 않는 인력이라고 해도 근무한 기간만큼은 반드시 급여를 지급해야 하는 사측의 입장이 더 무거울 것이다.

학력과 이력 등에 허위가 없다면 사측에서 필요한 기술을 보유하고 있을 것이라고 확신할 수 있는 기술직군 등의 경우, 만약 해당 기술이 아주 핵심적인 기술이라면 입사 시부터 보다 유리한 입장을 점유할 수 있을 것이다. 다만 그러한 몇몇 직종에 해당하지 않는 보통의 직군에서는 현실적으로 그렇지 않은 경우가 많은 것이 사실임은 결코 부정할 수 없다.

우수한 성과들이 나열되어 기재된 이력이 허위가 아니라고 해도, 해당 지원자가 입사해서 우리 회사에서도 동일한 성과를 낼 수 있을지는 아무도 확신할 수 없기 때문이다. 특히나 영업 직군의 경우 성과가 중요한데, 이전 직장에서의 성과가 훌륭한 경우 해당 지원자를 채용하고 싶은 마음은 높지만, 선뜻 높은 액수의 연봉계약을 하기에는 조심스러워하는 기업들이 대부분이다.

그러므로 만약 지원한 회사의 현재와 미래의 비전에 대한 확신이 생긴다면 연봉에 대한 부분보다는 다른 부분의 가치를 보고 입사를 결정하는 것을 권한다. 기업의 비전, 미션, 나의 전문성 개발 등 본인이 자신의 커리어에 가치를 두는 부분이 바로 입사를 결정할 수 있는 요인들이 될 수 있을 것이다.

연봉이라는 것은 단어 그대로 '연'봉일 뿐이다. 연봉은 해마다 리뷰되며, 성과에 따라 다르게 결정될 것이다. 연봉은 나의 성과에 따라 결정되는 후순위의 일일 뿐이다.

현재 받는 연봉보다 상당한 금액이 차이가 나는 연봉을 제시하는 근로계약인 경우, 분명 그 사유가 있을 것이다. 그 누구라도 그렇지만 근로계약에 있어서 상대적으로 강자의 위치에 있다고 볼 수 있는 기업측, 회사는 절대 손해 보는 계약을 하지 않는다. 높은 인상률을 적용하여 입사한 이후, 다음해에도 그 연봉이 유지될 것이라는 기대는 누구도 명확히 할 수 없다. (그 사람이 가지고 있는 노하우가 새로운 회사로 이전되는 기간은 생각보다 그리 길지 않을 수 있다. 그리고 그의 노하우가 이전된 다음에 회사에서 나의 활용가치를 어떻게 판단할지 생각해 봐야 한다. 시세보다 높은 연봉 인상률에는 반드시 이유가 있기 마련이라는 뜻이다.) 이직 시 가장 중요한 것이 연봉이 아닐 수 있다는 것을 꼭 기억하길 바란다.

연봉 협상의 원칙 2

_최종연봉, 희망연봉

이직 시 연봉 협의, 희망연봉은 뭐라고 말할까요?

최종연봉은 왜 물어보죠? 희망연봉은 뭐라고 하죠?

직장인들이 이직하면서 가장 원하는 것은 무엇일까? 당연히 경력개발, 커리어 발전이리라 생각한다. 그러면 두 번째는 무엇일까? 개인마다 차이가 있겠지만 대부분이 연봉 상승을 꼽을 것이다. 물론 연봉이 아니라 보다 나은 근무 조건일 수도 있겠고, 복지 혜택일 수도 있겠고, 해당 기업에 대한 사람들의 인지도일 수도 있겠고, 직업 또는 직장의 안정성일 수도 있을 것이다. 다만 그 수많은 이유 중에 아마 '연봉'에 대한 것이 이직 사유로 꽤나 높은 순위에 들 것이라는 사실에 반대하는 이는 없을 것이다.

혹자는 이직의 꽃은 '상승하는 연봉'에 있는 것이라고 말하기도 한다. 모든 이직하는 직장인이 연봉을 아주 많이 높여서 이직하는 것은 아니고, 아주 특별한 조건의 이직일 경우에는 연봉을 낮추어서 움직이는 경우도 있기는 하지만, 보통 직장인 이직 시 이직에 따르는 위험을 감안해 주는 범위 내에서 연봉 상승이 이루어지는 경우가 대부분이다. 일반기업에서 계속 재직했을 때 받을 수 있는 연봉 상승률이 만약 3~4%라면, 이직 시에는 이보다는 더 큰 10% 내외에서 연봉 상승을 예상해 볼 수 있다.

물론 이직 시 연봉 협의는 회사 내규에 따르는 경우가 아닌 이상 개별적으로 협의되므로 이는 각각의 사정과 상황에 따라 다르게 적용될 수 있어서 미리 예단해 보는 것은 어렵다. 하지만 헤드헌팅을 진행하다 보면, 사측이나 후보자들이 가장 민감하게 여기는 부분의 하나가 바로 연봉이다.

그리고 어떤 거래라도 미리 돈 이야기를 확실히 해두지 않으면 문제가 생기는 경우가 많듯이, 헤드헌팅에서도 연봉 부분에서 어느 정도 사전에 조율되지 않으면 최종합격한 이후에도 입사까지 이루어지지 않는 경우가 있기 때문에 미리 연봉에 대한 부분은 짚고 넘어가는 것이 좋다. 그래서 연봉은 실제 협의는 최종합격 이후에나 실시되지만, 서류전형부터 아주 중요한 요소 중의 하나가 된다.

연봉 협의의 기준에 대하여 거의 대부분의 기업은, 회사 내규에 따르는 것이 아닌 이상, 후보자의 최종연봉을 기준으로 협의하는 것이 보통이다. (참고로 기업에서 직접 채용을 진행하는 경우 후보자에게 최종연봉 등의 내용을 요구할 권리가 없다는 설이 많이 있지만, 헤드헌팅을 활용하는 경우, 헤드헌터는 채용의 당사자가 아니기 때문에 최종연봉을 확인하는 데에 큰 문제가 없다.)

혹여 누군가는 “해당 직무에서 요구되는 역량은 A가 그 역할을 하든지, B가 그 역할을 하든지 아무런 차이가 없는데, A와 B가 기존에 다른 수준의 연봉을 받고 있었다고 해서, 그것을 기준으로 해서 입사 시의 연봉에 차이를 두는 것이 합당한가요?”

또는 "어떤 사람이 입사한다고 해도, 수행하는 직무에는 차이가 없으니 (해당 포지션에서 요구하는 역할은 같으니) 입사하는 후보자의 최종연봉이 아니라, 채용 포지션에서 요구하는 역량의 수준을 기준으로 연봉을 결정해야 하는 것 아닌가요?"라고 의문을 가질 수도 있을 것이다.

하지만 신입의 경우에는 이러한 논리가 적용되어 거의 대부분의 신입사원이 직무에 따라 동일한 연봉을 적용 받지만, 경력직 채용의 경우에는 대부분의 회사에서 연봉 협의 시 직무에 따라 결정된다기보다는 후보자의 최종연봉을 기준으로 플러스, 마이너스 협의를 통해 결정하는 경우가 많다. 같은 포지션이라고 해도 어떤 사람이 수행하느냐에 따라 그 업무 이행의 정도가 다를 수 있다고 보기 때문일 것이다. 그리고 결정적으로 이 사람이 지금 얼마를 받고 있느냐는 그 사람의 능력을 가늠해 볼 수 있는 하나의 척도로 여겨지기 때문이다.

이론적으로야 직무의 요구역량에 따라 후보자의 최종연봉과는 상관없이 동일한 연봉이 적용되어야지 맞지만, 현실적으로 후보자의 최종연봉은 (아직까지 함께 일을 해 보지 않은 상황에서) 후보자의 역량을 판가름하는 중요한 척도로서 작용하게 되고, 따라서 연봉 협의는 대부분 후보자의 최종연봉을 기준으로 이루어지게 된다.

그리고 사측에서는 늘 최종연봉과 함께 후보자의 입사 시 희망연봉을 묻는다. 그렇다면 후보자는 희망연봉의 경우에는 어떻게 답하는 것이 좋을까? 이때 주로 내가 후보자들에게 하는 조언은 만약 "저는 이 연봉 아래로는 절대 입사할 수 없습니다."라는 생각이 확고하지 않는 이상, 굳이 구체적인 금액은 제시하지 말라고 조언한다. 모든 협상에서 내 패를 먼저 보여주는 것이 나에게 유리하게 작용하지 않는 경우가 많기 때문이다.

가장 중요한 것은 회사의 생각을 먼저 파악해야 한다는 것이다. 회사가 내 최종연봉을 기준으로 입사 시 연봉을 얼마를 생각하고 있는지 모르는 상황에서 굳이 내가 먼저 구체적인 금액을 제시하는 것은 자칫 손해를 불러올 수도 있기 때문이다. 회사에서는 9천만 원까지 생각하고 있었는데 내가 선뜻 8천 5백만 원이어도 입사하겠다고 한다면 회사에서는 굳이 그 사람에게 5백만 원을 더 지급할 필요가 있을까? 그러므로 희망연봉의 경우에는 '면접 후 협의' 정도로 기재하는 것이 가장 무난하다고 할 것이다.

이직할 때
연봉을 높이고 싶다면?

"희망연봉은 어느 정도를 생각하고 계세요?"라고 물으면, "그래도 최종연봉보다는 높게 받고 싶어요."라고 대답하는 것이 대부분이다. 심지어는 최종연봉보다 1천만 원, 2천만 원을 더 높여서 받고 싶다는 지원자도 있다. 사실 이직 시에 1천만 원, 2천만 원 연봉이 상승하는 경우는 극히 드문 사례로 거의 일어나지 않으므로 후보자에게 미리 양해를 구하고, 그간 회사에 입사한 지원자의 사례에 미루어 보았을 때, 그 희망연봉이 충족될 가능성은 거의 없음을 미리 알린다.

이렇게 몇 천만 원이 인상되는 것은 아니더라도, 그래도 기존에 받던 금액보다는 더 높은 금액의 연봉으로 협의하고 싶은 것이 이직을 준비하는 직장인들의 마음이다. 하지만 이직하는 모든 직장인이 연봉을 인상해서 이직하는 것이 아닌 것도 사실이다. (직장인들이 이직하는 데는 연봉 이외에 다른 많은 이유가 존재하기 때문에 그렇다.) 그렇다면 어떻게 하는 것이 이직 시 연봉을 높일 수 있을까?

일단 현재 회사에 재직하면서 이직을 준비해야 한다. 공백기가 있는 경우 연봉을 높여서 이직하는 것은 현실적으로 어려운 경우가 많다. 재직 중인 경우 이직이 성사되지 않았을 때 재직 회사에 남는다는 옵션이 있을 수 있지만, 이미 퇴사한 경우에는 그렇지 않기 때문이다.

어떤 협상에서든 급한 사람이 좋은 위치를 차지하는 것은 어렵다. 또한 퇴사 후 공백기가 있는 경우 소위 업무에 대한 '감'이 떨어졌다고 보는 경우도 많기 때문에 기업 입장에서 이런 구직자에게 높은 연봉을 제시하지 않는다. (보통의 경우 회사에서는 빠른 입사를 원하는 경우가 많아 퇴사 후 이직을 준비하는 것은 이런 점에서는 우위를 가질 수 있겠지만, 이를 이유로 연봉 협상에서 우위를 가져가는 것은 어렵다.)

또한 이력서 작성이나 면접 시에는 담당했던 업무를 중심으로 어필하는 것보다 성과를 중심으로 어필하는 것이 높은 연봉을 제시 받는 데 유용할 수 있다. 연봉에 포함된 주어진 일 이외에도, 나는 기존에 회사에 이러이러한 기여를 해왔다는 사실을 이야기할 수 있어야 한다는 것이다. 그리고 그것은 지원하는 회사에서 하는 업무와 관련된 사항이

어야 한다.

지원하는 업무와 다른 직무, 업종에서 성과를 냈던 것은, 새로운 회사에 입사해서 짧은 시간 안에 그와 같은 성과를 낼 수 있을 것이라고 생각하기 어렵기 때문이다. 연봉 협상에서 우위를 갖기 위해서는 실질적으로 내가 이 회사에 입사했을 경우 어느 정도로 기여할 수 있을지 수치상으로 보여주는 것이 필요하다.

그리고 이직 시 연봉을 높이고 싶다면 그 어떤 것보다, 평균연봉이 높은 업계 또는 평균연봉이 높은 회사로 하는 것이 중요하다. 회사는 기본적으로 조직이고, 그 안에 기존의 구성원이 존재하기 때문에 그들 간의 화합을 생각하지 않을 수 없기 때문이다. 그러므로 그 회사의 사람들이 다 연봉이 낮은 상태에서 나만 홀로 연봉을 높게 협상하는 것은 극히 어렵다.

설사 그것이 가능하다고 하더라도 특별한 직군, 특별한 포지션이 아닌 이상 결국에는 회사의 평균치에 수렴할 것이다. 물론 세상에 온통 기근이 들었을 때도 잘 사는 사람들은 또 잘 살기도 한다.

다만 세상은 나 혼자 사는 것이 아니고, 더불어 사는 것이기 때문에 이러한 상황은 지속되기 어렵다. 모두가 힘든 때 나 혼자 잘 나가는 것은 외롭기도 하고 비슷한 사람끼리 어울리고 싶어 한다는 사실을 주지할 필요가 있다.

너무 높은 연봉은 축복이 아닐 수도 있음을

"연봉을 높이는 것만이 능사는 아니다."라고 이야기한다면 동의할 만한 직장인이 있을까? 많은 사람들이 "돈이야 많으면 많을수록 좋고, 연봉도 높으면 높을수록 좋은 것 아닌가요?"라고 반문할지도 모르겠지만, 너무 높은 연봉은 정말 이직이나 더 나은 경력개발 과정에서 걸림돌로 작용하는 경우도 상당하다.

여기서 너무 높은 연봉이란 통상적인 업계 수준에서 보았을 때 높다든지, 통상적인 또래 수준에 비해서 높은 경우를 이야기한다. 세상 모든 일이 그렇듯이 연봉이 높은 것에도 다 이유가 있고, 그 이유는 본인 자신 이외에 외부 환경이나 상황에 의한 것일 가능성도 상당히 높다.

연봉이 높은 이유가 오롯이 자신의 능력과 성과에 대한 값이라면 어느 곳, 어느 상황에서든지 해당 연봉을 쟁취할 수 있겠지만, 그렇지 않은 경우 환경과 상황이 달라지면 그동안 받아왔던 높은 연봉 수준은 앞으로의 이직을 힘들게 하는 장애물이 될 수도 있는 것이다.

A는 글로벌 기업의 한국지사에 재직하고 있었다. 이 회사는 세계적으로는 굉장히 큰 회사이지만 한국에서는 소수의 직원만으로 운영하고 있었다. 그런데 최근 회사가 다른 회사와 합병하는 일이 발생했고, 두 기업에서 중복되는 인원은 정리되었다. 그리고 A는 바로 해고 통지를 받았다. 한국지사에서는 4명의 직원이 근무하고 있었기 때문에 5인

이하 사업장에 해당하여 「근로기준법」의 온전한 적용도 어려웠다. 국내 최고 학부를 졸업하고, 국내 해외 Dual MBA를 소지하고 있지만, 이미 40대 초반인 그가 받고 있는 높은 그의 연봉을 받아 줄만한 회사는 많지 않았다. 그는 물론 능력도 뛰어났지만, 글로벌기업에서 작은 규모로 운영되는 해외 지사에 근무하는 소수 핵심인력이기 때문에 높은 연봉을 받았었던 것이고, 보통의 한국 회사에서 아직 임원급은 아닌 그에게 그 만큼의 높은 연봉을 제시할 수 있는 회사는 극히 적었다.

또 다른 B는 해당 산업군에서 독보적인 위치를 가지고 있는 회사에서 근무하고 있었다. 그 회사는 B에게 해당 직군이 시장에서 받는 평균적인 임금보다 더 높은 임금을 제시했고, 글로벌 기업에서 경력을 탄탄하게 쌓아왔던 B는 만족하면서 근무하고 있었으나 몇 가지 사정이 생기면서 다시 구직활동을 시작하게 되었다. 그리고 이내 B는 자신의 연봉을 맞춰 줄 회사가 거의 없다는 사실을 여실히 느끼게 되었다. 연봉을 낮추어서 이직할 마음이 없는 것은 아니지만, 이미 높은 연봉을 받고 있는 그가 연봉을 낮추어서 입사하겠다고 해도 기업 입장에서는 B가 금세 다른 자리를 다시 알아볼까 봐 달가워하지 않는 눈치였다. 결국 자신의 연봉을 맞춰줄 수 있는 작은 규모의 글로벌 기업의 한국 지사로 이직에 성공했으나 한국에서의 사업 지속 여부가 불투명하여 다시 안정적인 직장으로 이직을 모색하고 있다.

물론 만약 높은 연봉이 '오롯이' 자신의 능력과 성과에 기반한 것이라면 그 높은 연봉의 구성을 차지하는 상당 부분은 기본급이라기보다는 성과급일 것이므로 성과를 낸 만큼 보상을 해 주는 정도야 기업 입장에서 크게 부담되지는 않을 수 있을 것이다.

하지만 사람은 기본적으로 유기체적인 특성을 지니고 있고, 기계가 아니기 때문에 어떤 한 사람이 매년 높은 성과를 동일하게 낼 수는 없고, 성과급이 대부분을 차지하는 고 연봉이란 사실은 매년 그 수치가 심하게 변동될 수밖에 없을 것이다. 그러므로 높은 연봉이 자신의 능력과 성과에 기반한 것이라고 한들 이 또한 매년 높은 연봉을 유지하는 것은 결코 쉬운 일이 아닌 것이다.

퇴사 통보 시점과 입사 준비 시점

이직을 위해 서류전형, 면접전형 등의 지난한 과정을 거친 뒤 합격 통보를 받았다. 하지만 이 기쁜 순간에도 아직 고민이 되는 상황은 남아 있다. 현재 다니던 직장을 그만 두고 구직활동에만 전념하고 있던 지원자들의 경우 아무런 문제가 없지만, 재직 중인 후보자인 경우에는 아주 큰 관문, 바로 기존 회사에 퇴사 통보를 해야 하는 일이 남아 있는 것이다.

과연 기존 재직 회사에 퇴사 통보는 언제쯤 하는 것이 좋을까?

아마 많은 직장인들이 이직을 준비할 때 재직 중인 회사에 본인의 이직 준비과정이 노출되지 않도록 아주 조심스럽게 진행할 것이다. 지원하는 회사에 합격한다는 보장이 없기 때문이다. 만약 지원한 회사에 합격하지 못할 경우, 기존 회사에 그대로 재직해야 하기 때문에 기존 회사에 나의 이직 의사가 노출되는 것은 아주 조심스럽다. 기업에서 때로 여러 가지 사정에 의해 채용을 아주 은밀하게 진행하는 것처럼, 지원자도 이직에 있어서 마찬가지 입장이다.

퇴사 통보 시점에 대하여 결론적으로 이야기하면, 기존 회사에 퇴사 통보하는 시점은 새로운 회사의 입사 일자와 기타 처우가 정해진 상태라고 할 수 있다. 그 전에는 절대 퇴사 통보를 해서는 안 된다.

채용이라는 것이 언제나 그렇지만, 입사일자가 정해지기 전의 단계에서는 아무리 최종합격이라고 해도 채용이 늦춰지거나 무산될 가능성이 존재하기 때문에 절대 퇴사 통보를 해서는 안 된다. 최종합격 발표가 났다고 해서, 처우협의 중이라고 해서, 설레는 마음에 기존 회사에 "곧 퇴사한다."는 뉘앙스를 풍겨서는 안 된다.

물론 처우협의를 진행하기 위해서는 기존 연봉을 증명하기 위해 연봉계약서, 원천징수영수증, 최근 3개월 또는 6개월 급여명세서 등 다수의 자료들이 필요할 수 있다. 다만이 과정을 진행하면서도 지원자는 자신의 이직이 기존 회사에 노출되지 않도록 만전을 기해야 한다는 것이다.

연봉계약서는 본인이 가지고 있는 것이 있을 것이고, 원천징수영수증이나 급여명세서 등은 본인이 직접 발급받을 수 있다. 사실 이 과정이 오래 걸리게 되는 경우, 여러 가지 분위기상 기존 회사에 "아, ○○○는 곧 퇴사할 거래. △△기업으로 입사가 결정되었다고 하더라고." 등의 소문이 돌아다닐 수 있다. 하지만 이러한 서류 발급 시 본인이 직접 모든 것을 수행했거나 '이직'이 아니라 '대출' 등의 명목으로 서류를 발급 받았다면, 사실 회사에 돌아다니는 퇴직에 대한 소문은 본인이 '기쁜 마음'에 회사 근무 중 어디에선가, 누구에겐가 흘렸을 가능성이 크다. 바로 이러한 점을 조심해야 한다는 것이다. 아무리 최종합격 발표가 났다고 해도, 처우협의 중이라고 해도, 이는 채용 내정의 단계는 아니다.

연봉, 직급 등의 처우협의가 완료되고 입사일자가 정해져서, 기업측으로부터 오퍼레터(채용통지서 등)를 받고 이에 수락하고, 서명했을 때 비로소 채용 내정의 단계에 들어서는 것이다. 그리고 바로 이때가 기존 회사에 퇴사 통보를 해야 하는 시점인 것이다.

물론 이때 기존 회사에서는 여러 가지 사유를 들어 퇴사를 말리거나 최대한 퇴사를 늦게 하도록 권유할 것이다. 하지만 이 시점까지 와서 합격자에게 보다 중요한 것은 기존 회사에 대한 신의, 의리보다 새로운 직장에 손해를 끼치지 않고, 새로운 직장에 잘 적응하여 근무하는 것이다. 이제 합격자는 며칠 후면 새로운 회사의 직원이 되고 새로운 회사에서 근무해야 한다는 사실을 한시도 잊지 말고 직시해야 한다. (사실 기존 직장에 그렇게도 신의를 지킬 것 같았으면 아예 이직하지 말았어야 했다.)

모든 사람에게 착한 사람으로 남을 수 없음을 어느 정도 받아들이고, 굳건하게 나가야 한다. 흔들릴 수도 있겠지만, 이직하려던 이유도 그에 못지않게 아직도 남아 있을 것이다. 왜 이직하려고 했는지를 다시 한번 생각하고, 나의 미래는 나 이외에 누구도 챙겨주지 않는다는 가장 기본적인 사실을 다시 살펴야 한다. 기존 회사에는 최소한의 도리를 다하면 된다. 그 이상으로 나의 시간과 손해를 감수하며 요구를 받아준다고 한들, 내게 남는 것은 시작하기도 전부터 새로운 회사에서 나의 이미지가 깎이는 것이고, 그로 인해 나의 커리어가 꼬이는 것뿐이다. 이로 인한 손해는 기존 회사에서 절대 책임져 주지 않는다.

처우협의가 완료되고 입사날짜가 결정되면 지체하지 말고 바로 퇴사 통보를 하고 '신속하게' 새로운 회사로의 입사를 준비해야 한다. 이때는 내가 서명한 서류를 믿고 진행하면 된다. 만약 헤드헌터, 서치펌을 통해서 진행한 이직일 경우, 능력이 있는 서치펌이라면 만약에 있을지도 모를 기업의 채용 취소에 대하여 서치펌 차원에서 법적 및 언론적 대응이 가능하다. 그래서 이러한 능력을 갖추고 있고 ISO 인증을 받은 대형 서치펌인 경우가 유리하다.

너무 이른 퇴사 통보도 불편을 야기하지만, 퇴사 통보가 늦어져서 새로운 회사에 입사가 지체되거나 연기되는 경우가 발생해서는 안 된다. 오퍼레터 또는 채용 확약서 등에 서명한 이후 합격자가 기존 회사에 바로 퇴사 통보를 하고 새로운 회사로 입사 준비를 시작하는 것처럼, 기업에서도 바로 그 시점부터 새로운 직원을 맞이할 준비를 시작하게 된다.

이제는 진행하고 있던 해당 포지션의 면접을 더 이상 진행하지 않고, 해당 합격자가 입사하는 것으로 확신하고 책상이며, 사무 집기 등 모든 것을 준비하게 된다. 어쩌면 합격자가 입사일을 의미 있게 맞이하고 평생 기억할 수 있도록 무언가를 준비하고 있을지도 모른다.

그러므로 새로운 회사에 언제까지 입사하겠다고 약속을 해 두었음에도 불구하고, 그 약속을 지키지 못할 경우 시작하면서부터 새로운 회사에 손실을 입히게 될 뿐만 아니라, 처음부터 약속을 지키지 않는 불량 직원으로 낙인찍힐 수 있는 위험이 생긴다.

합격자가 이제 헌신해야 할 기업은 기존 회사가 아니라 새로 이직해서 입사하게 될 회사이다. 몇 년 또는 정년퇴직 시까지 근무해야 할 새로운 회사에 입사 시점부터 좋지 않은 인상을 주는 것은 입사자 본인의 커리어에 상당히 불리하게 작용하게 될 것이다. 심지어 어떤 기업의 경우, 입사일 연기, 번복을 아주 비중 있게 고려하여 이는 입사 의지가 높지 않으며, 입사 전부터 약속을 지키지 않고 신뢰를 저버리는 행동이라고 판단하여, 채용 결정이 취소되는 경우도 생길 수 있음을 유념해야 한다.

그러므로 퇴사 통보는 입사일 확정 시까지, 회사로부터 오퍼레터를 받고 서명하기 전까지는 실시하지 않되, 만약 입사일이 확정된다면 지체 없이 퇴사 통보하여 신속하게 입사준비에 들어가야 함을 명심해야 한다.

퇴사 통보 후 회사의 만류, 그냥 남을까?

재직 회사에 퇴사를 통지하는 경우 앞에서 언급한 것처럼 보통의 기업에서는 예의상이라도 한 번쯤은 퇴사를 만류할 확률이 높다. 재직하는 기업이 나를 잡는지 안 잡는지를 보려고 퇴사를 결심해서는 안 되지만, "그래, 잘 생각했어. 이제 여기를 떠나서 당신 살길을 찾아요." 라는 반응이 섭섭할 것은 어쩔 수 없다. 많은 경우 퇴사를 언급했을 때,

재직 중인 기업에서 연봉 인상, 승진, 기숙사 제공 등의 당근을 제시할 것이고, 이때 이 반응을 어떻게 받아들일지는 또 하나의 중요한 선택이 된다.

근로관계를 대상으로 생각하는 것이 조금 버겁다면 이와 같은 상황이 연인관계에서 발생했을 경우로 대입하여 생각해 보면 조금 쉽다. 서로 사랑하는 사이로 자주 만나는 연인 관계에서 어느 한쪽이 헤어짐을 이야기했을 때 상대방은 어떤 반응을 보여야 할까? 만약 상대의 마음에 아직 사랑이 남아 있다면 한 번쯤은 붙잡을 것이고, 그렇지 않다면 그냥 보내줄 것이다. 그리고 생각해 보자.

만약 상대의 마음에 사랑이 남아 있어, 헤어지자는 연인에게 남아 있어 달라고 부탁한 다음, 그들의 관계는 이제 어떻게 흘러가게 될까? 아마 헤어지자고 얘기했던 사람의 입장에서는 그럴만한 충분한 이유가 있었을 것이다. 그리고 나름의 심사숙고 끝에 이별을 결정했을 것이다.

그런 다음 상대가 붙잡아 남았다면, 이제는 너에게 헤어짐의 원인이 되었던 그 행동을 하지 않겠다고 약속한다면, 과연 지켜질까? 답은 상황별로 다르겠고 어차피 영원한 관계는 없을 것이지만, 한번 깨어진 관계는 이어 붙인다고 해도 그 자국이 남아 있기 마련이다. 중요한 것은 사람은 쉽게 바뀌지 않는다는 것이고, 헤어짐의 원인을 제공했던 상대의 행동 또는 다른 사유들도 어쩌면 시간이 지나고 다시 발현될 가능성이 높다.

기업과 직장인의 관계에서도 마찬가지다. 때로 어떤 사람은 재직 중인 직장에서 연봉을 올리기 위해서 자신의 시장가치를 판단하고자 타 회사에서 제안 받은 연봉을 제시하기도 하는데, 이는 회사와의 신뢰를 저버릴 수 있는 아주 위험한 행동이라 할 수 있다.

연봉보다 더 중요한 것은 신뢰이고, 열심히 일하고자 하는 마음가짐일 텐데, 타 회사에 지원했다는 사실을 당당하게 밝히는 것부터가 신뢰에 금이 갈 수 있는 행동이 될 수 있는 것이다. 설사 그렇게 해서 이번 연도의 연봉계약 금액을 상승시켰다고 한들, 그 연봉이 다음 연도에도 지속될 수 있을지, 그 회사에서 계속해서 일할 수 있을지조차 불투명하게 될 가능성이 높다.

현재 재직 회사에서 받는 연봉이 작다고 느껴지고, 이 회사에서 통상적인 방법을 통해 연봉 협상했을 경우 연봉을 높이기 힘들다고 느껴질 때, 내가 받는 연봉을 상승시키기 위해서는 타 회사로 옮기는 것, 이직을 고려하는 것이 가장 합리적인 선택이다. 그리고 타 회사에 합격한 이후 퇴사 사실을 재직 회사에 언급했을 때, 만약 재직 회사에서 만류한다고 해도 이러한 카운터 오퍼를 받아들일지에 대해서는 무엇보다 신중해야 한다.

재직 회사에서는 다시 새로운 사람을 채용하는 일이 지난하기도 하고 새롭게 일을 가르쳐서 적응시키기보다는 기존 직원이 더 낫다고 판단하여 업무 공백을 막고자 어떻게든 퇴사를 막으려고 할 것이고, 그러기 위해서 재직 회사의 카운터 오퍼는 새롭게 이직하려는 기업에서 제시한 오퍼보다 조금이라도 높은 금액이거나 나은 조건일 확률이 높다. 그리고 이런 경우 이직이 망설여지기 시작한다. "그냥 여기 그대로 있을까? 또 새로운 곳에 이직해서 일하려면 새로운 사람도 만나야 하고, 새롭게 업무도 익혀야 하고, 힘들기는 할 텐데……."라는 생각이 들게 된다.

다만, 이때는 조금 더 신중하게 먼 미래를 보고 그려보면서 생각해 보기를 바란다. 이미 신뢰를 저버린 상황에서 더 남아 있으면 내 미래는 어떻게 될까? 어쩌면 회사는 나의 퇴사를 막음으로써 업무공백을 최소화하면서 동시에 나에 대해서 지금까지와는 다른 생각을 하게 될지 모른다. 그리고 내가 퇴사하려던 이유는 아마 바뀌지 않을 가능성이 높을 것이다.

어렸을 때부터 시험을 치를 때 꼭 중간에 정답을 바꾸면 틀렸다. 처음 생각했던 것이 정답일 확률이 가장 높았다는 사실을 잊지 말자.

수습 기간, 시용 기간의 의미

정규직 채용의 경우 기업에서는 일반적으로 수습 기간, 시용 기간 등을 적용하는 경우가 많다. 이력서로 대표되는 서류 검토와 몇 시간의 면접만으로 근로자를 채용하면서 몇 천만 원의 계약을 하게 되는 기업 입장에서 일정 부분 그 위험을 조정하기 위함인 것이다.

수습 기간, 시용 기간 동안 계약 연봉의 80% 정도를 지급하거나, 아니면 그 기간 동안은 80%를 지급하다가 기간이 종료된 후 미지급된 금액을 한꺼번에 지급하거나, 그저 기간에 상관없이 연봉계약금액의 100%를 전부 지급하는 등의 형식을 가진다.

헤드헌팅을 진행하다 보면 수습이나 시용 기간에 대하여 굉장히 불안하게 생각하는 후보자들이 많이 있다. "수습 기간이 있어서 불안해요.", "입사 후 수습 기간에 잘못하면 바로 해고 당할 수 있는 건가요?"라는 질문을 하는 후보자들을 간혹 만나게 된다.

하지만 이는 일반적으로 기업들이 채용하면서 수습 또는 시용 기간을 갖는데 이에 대하여 제대로 알지 못해서 발생하는 우려들이라고 할 수 있다.

경력직의 경우에도 대부분의 기업들이 보통 3개월 정도의 수습 기간을 갖는 경우가 많다. 다르게는 수습이 아닌 시용 기간을 갖는 경우도 있는데, 수습과 시용에는 차이가 있다. 시용은 '시험 삼아서 사용을 해 본다'는 의미를 갖는 말로, 사용을 해 본 후 마음에 들면 구입하는 것을 뜻한다. 그러므로 채용에 있어서 시용 기간이란 아직 정식 채용이 이루어지기 전의 기간으로, '시험 삼아 채용하여 일을 잘 할 수 있는지 판단한 후 근로자 여부를 결정하겠다.'라는 뜻을 내포하고 있는 기간이다.

또한 일을 잘 할 수 있는지의 의미는 정상적으로 조직생활에 잘 적응하여 일할 수 있는 사람인지를 뜻하는 것으로, 어떠한 실적이나 성과를 발생해야 하는 것을 의미하는 것은 아니다. 시용 기간에서도 근로자를 해고하려면 근로자의 잘못이 명백해야 하고, 이를 기업에서 입증해야 한다. 또한 해고 시 서면통지(증거)는 준수해야 함이 원칙이다.

하지만 수습은 이와 다르다. 수습은 정식 근로자 신분이 유지되는 상태에서의 연수, 교육, 적응 기간이다. 수습 기간의 존재는 교육 기간이 있다는 의미이지 평가 후 해고할 수 있다는 의미가 아닌 것이다. 그러므로 "수습 기간 동안 평가하여 해고할 수 있다."라고 이야기하는 것은 시용과 수습의 차이를 제대로 파악하지 못한 데에서 기인한 발언이라고 할 수 있다. 수습 기간의 근로자는 정식으로 채용된 신분의 근로자이므로 기업이 입사자를 임의로 해고할 수 없으며, 「근로기준법」에 따라 해고가 제한된다.

취업난은 언제나 있었고, 늘 심화되었다. 지금 취업하는 것이 이번 기회를 놓치고 다음 번 기회를 노리는 것보다 지금의 내게 주어진 이번 기회가 어쩌면 더 우월한 조건에서의 협의 결과일 가능성은 상당히 높다. 수습이나 시용 기간의 존재에 대하여 걱정하고 우려하기보다는 자신이 잘 할 수 있음을 믿고, 지금 주어진 기회에 최선을 다해 도전해 보는 것은 어떨까?

016

바람직한 이직의 방향 파악하기

자발적 을이 되어라

거의 모든 전문가 조직은 '갑'의 위치가 아니라, '을'의 위치에 있다. 변호사 조직이 그렇고, 회계사 조직이 그렇고, 컨설팅 조직이 그렇다. (다른 업종도 마찬가지의 형태를 띤다.) 그들이 일반기업에 있을 때는 갑으로 역할을 하는 경우가 더 많겠지만, 독립해서 전문법인 또는 개인 전문인 자격으로 활동할 경우 을의 위치에 서는 경우가 훨씬 더 많다.

그리고 개인의 성향과 취향에 따른 문제이겠지만, 이들이 자신이 속한 분야의 전문성을 기르기 위해서는 일반기업의 어느 한 팀에 소속되어 일하는 것보다 자신의 전문 분야를 담당하는 법인 등을 독립적으로 세워 운영하는 편이 더욱 수월할 것이다.

바로 이러한 사실만 평소에 기억해 두고 있다면, 자신의 커리어에 전문성을 기하기 위해서 나아가야 할 방향이 어디를 향해야 하는지에 대하여 충분한 생각의 도움을 받을 수 있다. 즉, 전문가로서 인정받고 나아가기 위한 첫 번째 마음가짐은, 바로 '을'의 입장에 서는 것을 두려워하지 않는 것이다.

사실 어릴 때부터 평생 아쉬운 소리는 하지 않고 지내기만 해도 성공이다. 기왕이면 갑의 위치에서 일하고 싶다 등의 언급을 은연중에 듣고 산다. 그리고 이런 문장들에 내포된 갑을 관계에 대한 대부분의 생각이란 기실 '갑'의 위치가 을의 위치보다 좋은 것이라는 것이고, 갑의 위치에서 '을'의 위치로 변하는 것에 대한 두려움, 걱정 등일 것이다.

하지만, 우리가 을의 위치에 서는 것을 두려워한다면, 우리는 우리의 전문성을 기르는 것에도 한계가 있을 수밖에 없음을 분명하게 알아야 한다.

평생직장이 사라진 작금의 시대에서 성공적으로 커리어를 관리하기 위해서는 자신의 전문성을 부각하는 방식으로 우리의 마인드가 변화되는 것이 필요하고, 이 전문성이라는 관점에서 볼 때 을의 입장에 서는 것은 오히려 전문성을 기르는 데 유리한 위치를 점하는 것이기 때문이다.

앞서 언급하였던 것처럼, 대부분의 전문가 조직이란 대체로 을의 입장에서 일할 수밖에 없고, 만약 을의 위치에 서는 것을 두려워한다면 전문가로 거듭날 수 없다. 그리고 이것은 우리의 커리어에도 한계가 있다는 것을 의미하는 것이다.

사실 대기업 등 조직 내에서 성장이란 어느 시점에 가서는 그 한계가 있을 수밖에 없고, 대부분의 경우에 그 한계는 40대에 찾아온다. 40대가 커리어의 절정을 이루는 시기라는 것이다. 그러므로 우리는 40대에 기업에서의 커리어의 최고를 경험하고 그와 동시에 제2의 인생 플랜을 세워야 한다. 은퇴 이후를 계획하라는 것보다는 은퇴가 아닌 제2의 커리어를 계획해야 한다는 것을 말하는 것이다.

40대 이후, 50대, 60대가 되어갈수록 회사 내에서 가질 수 있는 자리의 개수는 줄어들기 마련이고, 그 경쟁 또한 치열하며 내가 노력을 하든, 최선을 다하든지에 상관없이 내가 그 자리를 차지하지 못할 가능성은 상당히 높은 정도로 존재한다. 그러므로 40대에 몸담은 조직에서 커리어의 절정을 경험하고 있다고 해도 제2의 커리어를 준비하지 않는다면 그 이후의 커리어의 발전은 결코 장담할 수 없는 것이다. 그리고 이때 우리가 40대 이후의 커리어를 준비하면서 해야 하는 일은 지금까지 커리어와는 전혀 상관없는 치킨집 등을 창업하는 일이 아니라, 지금까지 해왔던 업무의 특성을 살리고 그 업무의 전문성을 배가시키는 것이어야 한다.

그 방법이란 바로 자발적으로 '을'이 되는 것에 그 핵심이 있다. 큰 조직에서 일할 때는 '갑'의 위치에서 일할 수 있지만, 진정한 전문가로 독립하는 순간 '을'의 위치에서 일하게 될 것이고, 대부분의 전문가 조직은 '을'의 입장에서 일한다.

다만 전문가로서 '을'의 입장이란 '갑'의 주장에 맹목적으로 따라간다거나, '갑'의 지휘에 아무런 원칙 없이 흔들리는 것이 아닌 독립된 파트너로서의 지위를 갖는다. 전문가로서 을의 입장은 계약서상 을의 위치에 설 뿐, 동등한 파트너로서의 업무를 수행하는 것이다. 물론 이렇게 되기까지 숱한 고통과 고뇌의 시간이 있어야 함은 말할 나위 없을 것이다.

직장인으로서의 커리어가 언젠가는 한계에 부딪히게 되는 것은 당연한 수순이다. 우리는 여기에 대비해야 한다. 그리고 그것은 미리 자발적 을이 되는 것에 대하여 준비하는 것에 있다.

광고대행사, 홍보대행사 등의 포지션들을 진행하다 보면 지원자들로부터 늘 듣게 되는 소리들이 있다.

"인하우스로 가려고요."

"이제는 대행사는 고려하고 있지 않습니다."

등이다.

나의 커리어 인생에 이직이 존재하게 된다는 것은 이제 나의 인생에는 평생직장이 없다는 것을 의미하는 것과 같은 말이다. 그리고 내가 이직을 한 번도 하지 않았다고 해도, 사실 원래부터 세상에는 평생직장이란 없는 것이 사실이기도 하다.

이렇게 평생직장이 없는 세태에서 이미 이직을 한 번 경험한 또는 경험하게 될 나의 커리어의 개발 방향이란 다시 말하지만 결단코 '전문성'에 있어야 한다.

앞으로 경험하게 될 '경력직 채용' 건이란 완벽하게 부합하는 조건을 가진 사람이 아니면 뽑지 않기 때문이다. 마케팅이라고 다 되는 것이 아니라, 반도체 분야 마케팅, 식품회사 마케팅 등으로 세분되며, 다른 조직 구성원과의 융합을 고려하여, 연봉, 나이, 성별 등도 알게 모르게 모두 판단 요소가 되는 것이 현실이다. 우리가 경쟁력을 갖추기를 원한다면 나이, 성별 등 다른 조건들은 어쩔 수 없다 치더라도 가장 기본이 되는 '전문성'만큼은 제대로 갖추고 있어야 어디든 이력서라도 들이밀어 볼 수 있지 않을까? 경력직 이직에서 전문성이란 그저 기본일 뿐이다.

그러므로 이직을 고려할 때 가장 우선적으로, 그리고 가장 많이 생각해야 하는 것은, "내가 과연 그곳에서 전문성을 기를 수 있는 것인가?"이어야 하지 다른 것이 되어서는 안 된다. 어느 조직이든 자기가 적응하기 나름이기는 하지만, 소위 말하는 인하우스로 옮긴 사례 중에 조직에 적응을 못해서 뒤처지는 경우도 많다.

물론 인하우스에서 대기업의 조직문화를 경험해 보고, 해당 업종의 실체를 파악하는 기회를 갖는 것도 커리어에 도움이 될 수 있는 선택일 수 있다. 다만, 인하우스이든 전문가 조직이든 내게 오는 입사 기회는 그리 많지 않을 수 있으니, 그런 조직의 형태에 구애 받기보다는 전문성을 보다 더 향상시킬 수 있는 기회가 어떤 것인지에 대하여 집중하는 것이 더욱 현명한 선택이 될 것이다.

원하지 않는 회사에 입사하지 않는 방법과 맞지 않는 직원을 안 뽑는 방법

의외로 입사 후에 몇 개월 근무하지 못하고 다시 이직을 준비하거나, 심지어는 이직도 전에 미리 퇴사하는 사람들도 많다. 업무내용이 입사 전에 이야기되었던 것과 다르다든지, 회사 상황이 알았던 것과 다른 것이다.

이러한 사정은 기업을 경영하는 CEO들도 마찬가지이다. 실력이 있다고 해서 뽑았는데 아무것도 못한다든지, 어떤 프로젝트에 참여 경험이 있다고 해서 뽑았는데 실제로는 2년 프로젝트에 한 달 정도밖에 참여하지 않았다든지 하는 것이다.

경력직 채용을 진행할 때, 회사에서는 경력직 직원이 입사해서 수행해야 할 업무내용과 자격 요건들을 담은 JD(job description)를 공고하고, 지원자는 그간의 본인의 업무 수행이력을 담은 이력서를 제출하여 서류전형을 진행한다.

그리고 이러한 서류에서 서로가 요구하는 조건에 부합한다는 생각이 들면 이제 직접 대면하는 미팅을 진행하고, 면접에서 통과되면 여타의 절차를 거쳐서 입사하게 된다.

이러한 과정에는 회사와 지원자 모두 나름의 시간과 노력이라는 비용이 들게 되는데, 2~3개월 정도 근무하고 다시 새로운 길을 찾게 된다면 양측 모두에게 큰 손해가 아닐 수 없다. 나와 맞지 않은 회사에 취업하게 되는 것 또는 우리와 맞지 않는 사람을 뽑는 것을 미연에 방지하려면 어떻게 해야 할까?

첫 번째로는 회사에서 채용을 진행할 때 우선 JD를 상세하게 작성하는 노력이 필요하다. 지원자들은 상세한 JD를 보고 본인이 하게 될 업무를 가늠할 수 있게 되고, 소위 묻지 마 지원을 하지 않게 되기 때문이다.

그리고 상세한 내용이 기재된 JD는 회사에 대한 신뢰를 생기게 한다. 물론 서류전형을 진행할 때 제출한 이력서에 허위가 없어야 함은 물론이고, 이를 위해 입증할 수 있는 서류를 준비한다면 금상첨화이다.

면접을 진행할 때는 서로가 최대한 담당하는 업무에 관하여 상세하게 질문해야 한다. 주로 질문을 회사에서 하고 지원자가 답하는 경우가 많으므로, 사측에서는 지원자가 이력서에 기재한 업무를 실제로 수행한 것이 맞는지에 대하여 면접을 통하여 반드시 확인해야 한다.

"○○ 해 봤나요?"

"네. 해 봤습니다."

이런 식의 질문으로는 확인이 불가능하다. 실제로 어떤 이벤트가 발생했을 때, 어떤 방식으로 해결해 나갔는지, 구체적인 사례를 들어서 최대한 상세하게 설명하게 해야 한다. 이런 질문을 하기 위해서는 해당 업무를 담당하는 실무자가 반드시 배석하여 면접을 진행하게 해야 한다.

하지만, 여전히 "○○ 해 봤나요?", "네. 해 봤습니다." 식의 면접이 진행되는 경우가 빈번하게 일어나는 것이 사실이다.

결과는 어떨까? 당연히 잘못된 채용으로 이어지고, 다시 채용을 진행하게 된다. 그리고 다시 채용을 진행할 때는 지원자를 믿지 못하니, 결정에 망설이게 되고, 그러다가 또 좋은 후보자들을 놓친다.

만약에 제대로 된 질문을 하지 못해서 잘못된 채용을 했다면, 해당 기업에서 다음 번 채용 진행 시 해야 할 일은 본인들의 면접관으로서의 기술을 향상시키는 것이다. 차장이나 차장급에 해당하는 업무능력이 없는 사람이 입사한 것을 탓하는 것이 아니라, 차장급의 업무를 수행할 정도의 능력이 있는지를 면접에서 확인하지 못했던 것을 돌아봐야 한다.

해당 프로젝트를 전부 수행하거나 핵심적인 역할을 수행한 것이 아니라, 그저 보조적인 역할만을 했던 것을 미리 면접 때 확인할 수 있는 질문 기술을 연구해야 하는 것이다. 한마디로 담당업무에 대하여 깨알같이 질문해야 한다. 깨알같이 질문할 수 있는 능력, 실력이 있어야 한다. 허수는 여기서 다 걸러진다.

이는 지원자 입장에서도 마찬가지이다. 내가 지원자 분들에게 매번 하는 이야기는 이것이다.

> "면접은 회사만 보는 것이 아니에요. 후보자 분도 회사를 면접 보는 것입니다. 만약에 입사 제의가 온다면 이를 받아들일 수 있는지 아닌지에 대하여 결정할 수 있도록 면밀히 살펴보고 오셔야 해요. 담당하게 될 업무에 대해서도 만약 회사에서 안내

가 없다면, 그 부분에 대하여도 궁금한 부분들을 해소하고 오셔야 합니다."

면접 마지막에 면접관들이 "마지막으로 질문 있나요?"라고 했을 때, 이 기회를 그냥 버려서는 안 된다.

이때 구체적인 업무 내용에 대하여 질문한다면, 전문성도 있어 보임과 동시에 본인도 입사 후에 어떤 일을 하게 되는지 파악할 수 있는 기회가 된다.

P.S

커리어관리의 동반자, 헤드헌터에 관하여

헤드헌터의 일은 인력 중개가 아니다.

헤드헌팅의 본질은 인력 중개가 아닌 고급 인재의 서칭과 추천에 있다.

간혹 지인 또는 새로운 사람들과 만나 대화를 나누다 보면, "어떤 일을 하세요?"라는 질문을 받을 때가 있다. 이때 "헤드헌터예요."라고 하면, 사람들은 거의 대부분이 알 듯 모를 듯한 반응을 보인다. 하지만 계속 대화를 이어가다 보면, 사실 보통 사람들은 아직도 헤드헌터가 어떤 업무를 하는지 알지 못하는 사람들이 대부분이라는 것을 깨달을 때가 많다. 아무래도 헤드헌터는 주로 기업의 대표, 기업의 인사담당자와 만나서 계약을 체결하고 업무를 진행하다 보니, 일반인들의 경우 자주 접할 일이 없어서 그렇지 않을까 싶다.

헤드헌터는 다른 말로 스카우터라고도 한다. 헤드헌팅 서비스는 여타의 파견, 직업 소개 등의 HR 인사 서비스 중에 가장 고가의 비용이 소요되는 서비스인데, 대체로 (그 비용 때문에) 고급인재를 스카우트하는 역할을 하게 되기 때문이다.

헤드헌팅을 활용하는 기업들은 대체로 외국계 기업이나 국내 대기업들이며, 요즈음에는 자금의 여유가 있는 스타트업이나 중견, 중소기업도 많이 활용하고 있다. (우수하고 적합한 인재를 채용하는 것은 기업의 규모와 상관없이 아주 중요한 일이라는 것을 일하면서 더욱 실감하게 된다. 인사담당자나 기업의 대표를 만나 이야기를 나누다 보면, 적합한 인재를 채용하는 것에 대한 애로사항들을 많이 듣게 되는데 기업의 입장에서는 헤드헌터의 객관적인 검증을 거친 인재에 더욱 신뢰를 갖게 되는 것이다.)

헤드헌터는 인재 채용을 원하는 기업과 계약을 체결하고 그 계약에 따라 기업에서 원하는 인재를 물색하고 후보자의 지원의사를 확보하여 기업에 추천하는 것이 그 본연의 업무이다. 그러므로 헤드헌팅을 인력중개업 등으로 표현하는 것은 그 본질에 다소 부합하지 않는다고 할 것이다. 왜냐하면 헤드헌터는 기업과 후보자 양측과 모두 계약을 체결하고 업무를 하는 것은 아니기 때문이다.

헤드헌팅은 구직자와 사측 양측의 중개를 맡는 업이라기보다는 계약관계를 갖는 기업고객의 의뢰에 적합한 인력을 물색, 서칭, 점검하고, 이를 고객사에 알리고 추천하는 것이 가장 중요한 업이라고 할 것이다.

물론 이러한 구조를 갖는 헤드헌팅이기에 구직자의 입장에서는 헤드헌터에게 연락이 오는 것이 더욱 반가운 일이 아닐 수 없다. 헤드헌터에게 연락을 받아 스카우트되는 후보자는 헤드헌터에게 무상으로 컨설팅을 받게 되는 것이다.

해당 후보자가 기업에서 요구하는 조건을 갖추었는지를 판별하기 위해 후보자와 메일, 전화 또는 대면 미팅을 하는 동안 커리어 시장에서 숱한 후보자와 인사담당자를 상대하는 헤드헌터의 커리어 노하우를 자연스럽게 얻어갈 수 있기 때문이다. (무릇 훌륭한 인재란 본인이 직접 그 모습을 드러내기보다는 타인에 의해 '발견'되어지는 것이 그 수순이지 않을까 싶다.)

헤드헌팅_헤드헌터 업무 프로세스

매주 수요일마다 참여하는 조찬 모임에서 헤드헌팅에 대하여 발표하던 날. 작은 모임이지만 다들 걸출한 기업을 운영하는 사람들 앞이라서 조금은 긴장되었다. 전날 밤 잠에 들면서도 "내일 무슨 말로 이야기를 시작할까?" 하는 생각을 하면서 잠에 들었다. 다행히 모임에 참석하신 분들이 모두 경청해 주셔서 아주 감사했다.

다들 기업을 운영하는 사람들이라 인재 채용, 인사에 관한 고민거리는 늘 하나 이상씩 안고 있다. 우리 기업에 너무 버거운 인재라고 생각되는 사람은 제외하고, 이 정도면 우리랑 같이 해 볼 수 있지 않을까 라는 생각에 채용하고 나면 하나부터 열까지 세세하게 업무를 가르치고 나면 이제 일을 해 볼 수 있겠다 하는 시점에 다시 다른 기업으로 이동하는 직원들. 기업을 운영하면서 채용, 인사에 대한 고민 하나 없는 분들이 있을까?

헤드헌팅은 다음과 같은 과정으로 진행된다.

먼저 인재 채용이 필요한 기업에서 서치펌에 헤드헌팅을 의뢰한다. 각 기업에서 헤드헌팅을 의뢰할 때는 인재 DB의 숫자, 대기업, 외국계 기업 헤드헌팅 경험 등을 중요시하는데, 이런 연유로 일정 규모 이상의 상급 서치펌의 경우 채용의뢰를 해오는 기업들이 많고, 해당 분야의 전문성을 가진 헤드헌터에게 해당 기업의 채용 프로젝트를 할당해서 진행하게 한다. 기업을 담당하는 헤드헌터의 우수한 컨설팅, 커뮤니케이션 능력과 서치펌의 고급 인프라는 채용 성사로 이어지고, 각 기업에서는 채용 성사가 이루어진 서치펌에 다른 채용 건도 의뢰하기 때문에 한번 계약된 고객사는 장기적으로 거래하게 된다.

비즈니스 세계가 일반적으로 그렇듯이 헤드헌팅에 있어서도 계약은 무엇보다 중요하다. 헤드헌팅의 본질은 서칭에 있는데, 기업의 채용의도를 파악하고, 해당 기업과 포지션에 대하여 상세히 파악한 후 적합한 이력을 지닌 후보자를 물색하고, 이들에게 회사와 포지션에 대한 상세 안내를 통해 지원의사를 확보하는 이러한 인재 서칭 작업은 결코 만만하지 않다.

그리고 해당 인력의 이력서가 진실인지를 검증하는 지난한 과정을 거친 후 다시 채용사 면접 전에 헤드헌터가 사전 인터뷰를 하여 후보자를 먼저 만난다.

헤드헌터 사전 인터뷰 후 큰 결격사유가 없다면 고객사 면접이 진행된다. 면접은 사측의 상황과 절차, 규정에 따라 그 횟수가 달라질 수 있다. 적게는 1회에 종료되는 경우도 있고, 많게는 7~8회 진행되는 경우도 있다. 자연스러운 상황에서의 후보자를 파악하기 위해 세미나, 디너 면접 등을 요구하는 경우도 많다.

다만, 지원자들은 사측과의 만남이 어떤 형식으로 이루어지든지 어떤 경우라도 입사 전 사측과의 만남은 면접의 일종임을 잊지 말아야 할 것이다.

채용이 결정되면 레퍼런스 체크를 진행한다. 평판조회라고 하는데, 합격자의 전 회사의 동료, 상사, 후배를 통해 진행한다. 이를 통해 합격자의 리더십, 업무 스타일, 인성 등을 마지막으로 검증하는 것이다. 합격자의 동의를 얻은 후 진행하지만 의외로 본인을 통해서 얻을 수 있는 정보와는 다른 색깔의 정보를 얻게 되는 경우가 많다.

물론 대부분의 경우, 무리가 없는 선에서 평판조회가 마무리된다. 평판조회는 지원자에게 민감할 수 있어서 합격 발표가 나기 전에 실시할 경우, 재직 회사에 이직의사가 노출될 위험이 있다. 그래서 최종합격, 처우협의까지 완료된 후에 진행되는 경우가 많다.

주니어급의 경우, 국민연금가입증명서상 재직회사와 재직기간이 일치하는 경우 이력에 큰 문제가 없는 것으로 판단하여 이를 평판조회에 갈음하기도 한다.

그리고 모든 과정이 완료되면 기업에서는 서치펌에 사전에 합의된 계약서에 따라 정해진 일자에 수수료를 지급한다. 이 금액은 상당한 정도의 금액인데 인재를 채용하는 일이 쉽지 않아서, 많은 기업들은 채용이 완료되면 감사를 표시한다. 기업에서는 그 많은 돈을 쓰고서도 내게 "감사합니다."라고 하는 것이다. 사실 이때가 헤드헌터에게는 가장 보람찬 때라고 할 수 있을 것이다.

조찬 모임에 참여한 사람들은 정말 감사하게도 '헤드헌터, 헤드헌팅이란 무엇인가?'를 주제로 진행한 내 발표 내용을 경청해 주고, 질문도 해 주었다. 헤드헌팅은 고급 서비스로, 헤드헌터를 통해서 채용을 하게 되면 어느 정도 검증된 인재를 채용할 수 있을 뿐 아니라, 헤드헌터가 컨택한 잠재 후보자들의 의견을 통해 해당 기업에 대한 채용 시장에서의 평판을 알 수 있는 기회가 되기도 한다.

후보자들 또한 헤드헌팅을 통하게 되면 각종 정보를 얻을 수 있음과 동시에 사측에 검증된 인재로 보여질 수 있는 것이다. 물론 이것은, 이 모든 과정을 성실하고 진실되게 수행하고, 채용 시장에 대한 혜안을 갖춘 헤드헌터를 만났을 경우에 해당하는 일이긴 하다.

헤드헌터 미팅에 관하여_고객사 미팅과 후보자 미팅

헤드헌터는 기업에서 인재 채용의 의뢰를 받아, 적합한 인재를 추천하고, 채용을 성사시키는 일을 하다 보니 기본적으로 사람을 많이 만나야 하는 직업임은 맞다. 사람들의 커리어가 담긴 이력서를 검토하고, 포지션을 제안하고 필요할 경우 고객사 및 후보자와 전화미팅, 대면 미팅을 실시한다.

- 고객사 미팅

헤드헌팅의 업무는 고객사의 채용 의뢰에서부터 시작한다. 해당 고객사의 현 상황과 해당 포지션의 요구사항에 대한 파악은 무엇보다도 중요한 것으로, 이 포지션에서 원하는 사람이 누구인지, 이 업무를 수행할 적합한 사람이 누구인지에 대한 것은 사실 행 간의 의미 저 너머에 정답이 있는 경우가 많다. 이를 파악하기 위하여 헤드헌터는 고객사 미팅을 진행한다.

일반적으로 서치펌과 의뢰 기업 간의 헤드헌팅 업무 협약(계약)이 성립된 후 대면 미팅을 진행한다. 이때 대형 서치펌의 경우, 계약은 회사 차원에서 이루어지는 것으로 헤드헌터에게 계약 조건에 대한 협상 권한이 주어지지는 않는다. 헤드헌터 개인에게 채용 의뢰된 기업의 채용 건에 대하여도 계약은 회사 차원에서 체결하고, 계약이 이루어지는 경우, 해당 헤드헌터를 담당 헤드헌터로 배정한다.

계약이 체결되고 헤드헌터가 고객사를 방문하여 미팅을 실시한다. 회사의 현황을 파악하고, 근무 조건, 인사담당자, 대표이사 등의 의중을 살핀다. 그리고 해당 포지션에 대한 고객사의 요구사항을 다시 한번 확인하고 점검하면서, 회사에서 진짜 원하는 인재상에 대하여 구체적으로 그려나갈 수 있게 된다. 회사가 어떤지에 대하여 헤드헌터가 먼저 방문해서 파악하는 일은 향후 적합한 후보자 발견 시, 회사에 대한 정보를 전달하는 데에 굉장히 중요한 역할을 한다.

• 후보자 미팅

기업에서 원하는 인재상에 대한 정립이 이루어진 후 헤드헌터는 해당 포지션에 적합한 인재를 서칭한다. 해당 후보자의 이력서를 점검하고, 후보자가 해당 포지션에 지원의사를 표명하면 다시 한번 이력서 검토 후 추천 사유와 함께 사측에 추천을 진행하게 된다.

이렇게 추천된 후보자가 사측의 서류전형을 통과하여 면접 대상자가 되면 면접이 실시되기 전 후보자 대면 미팅을 실시한다. 서치펌에 헤드헌팅을 의뢰한 기업은 서치펌을 통해서 기본적인 사전 점검이 이루어졌다고 판단하기 때문에 기업의 채용 면접이 실시되기 전 후보자를 직접 만나보는 일은 거의 필수적이라고 할 수 있다.

후보자 미팅은 일반적으로 고객사의 요청사항에 의해 이루어지는 것이며, 면접을 대비한 면접 안내 및 면접 코칭, 포지션에 대한 정보, 회사에 대한 정보를 다시 한번 전달하고, 이력서 확인 및 후보자 상황 등을 점검한다.

* 상기 내용은 헤드헌팅 서비스 전반에 걸쳐서 ISO 품질인증을 받은 대형 서치펌 커리어앤스카우트의 업무 절차 기준으로 작성된 것으로, 각각의 담당 헤드헌터에 따라 헤드헌팅 진행은 조금씩 다를 수 있습니다. 또한 타 서치펌의 진행은 각 회사의 입장에 따라 다를 수 있습니다.

실력 있는 헤드헌터를 만나는 것이 중요한 이유

최근 경영자 모임에서 만난 스타트업 기업을 운영하는 한 경영자가 문의해 왔다.

"헤드헌팅 서비스는 수수료가 얼마예요?"

"저희는 합격자 연봉의 20%로 일괄 진행하고 있습니다."

"어머, 그러면 연봉 1억 지원자면 2천만 원이 수수료인가요?"

"네, 그렇죠."

"아니, 그 돈을 내고 진행하는 기업이 어디 있어요? 대기업 말고는 못하겠어요."

"주로 자금에 여유가 있는 대기업, 외국계 기업이기는 하지만, 우수 인재 채용이 절실한 스타트업 기업들도 다수 있습니다."

헤드헌팅은 명품 서비스이다. 인력 파견, 직업 소개소 등의 HR 인사, 채용 관련 여타 서비스 중에서 가장 고가이다. 활용하고 싶다고 해서 아무 기업이나 활용할 수 있는 것은 아니다.

역으로 생각하면 헤드헌팅, 헤드헌터 서비스를 이용하는 기업은 인재 채용에 있어서의 중요성을 그 어느 부분보다 높게 사고 있으며, 또한 자금에 어느 정도 여유가 있다는 것을 반증한다.

헤드헌팅은 적합한 인재 채용을 위해 기업과 계약을 맺고, 인재 추천을 진행한다. 이를 위해 헤드헌터는 적합한 인재를 파악하기 위한 산업 및 기업에 대한 지식을 보유하고 있어야 한다. 또한 기업과 지원자 사이에서 고도의 커뮤니케이션 능력이 요구된다.

지원자는 자신의 경력에 도움이 되는 일자리를 얻을 수 있어야 하고, 기업은 기업 발전에 기여가 가능한 인재를 채용할 수 있어야지 해당 프로젝트가 성사될 수 있다. 어느 한쪽에만 이득이 있는 것이 아니라 기업과 지원자 양쪽 모두가 성과를 보는 win-win 이 아니라면 프로젝트는 절대 성공할 수 없다.

각 기업 인사팀에서는 때로는 채용 전문가인 헤드헌터를 기업의 채용 면접에 참여하게 하는 기업도 있고, 임원급 채용 등 중요 포지션의 경우 각 지원자별 장단점을 기업 채용 면접 전 후에 헤드헌터에게 질문하기도 한다. 헤드헌터는 채용을 의뢰한 기업에 각 지원자가 요구하는 업무와 어느 정도 부합하는지, 경력·이력, 태도, 인성을 종합하여, 장점은 무엇인지, 단점은 무엇인지 조언하며, 이는 인사팀 채용 담당자에게 중요한 정보가 된다.

"인사가 만사"라는 글귀가 진리라면 헤드헌팅, 헤드헌터 서비스는 기업에 적합한 인재를 채용하여 제대로 된 인사정책으로 기업운영을 해나가기 위해 가장 필요한 서비스라고 할 것이다. 그리고 실력 있는 헤드헌터를 만나는 것은 그보다 더 중요하다고 할 수 있을 것이다.

효과적인 이직을 위한 헤드헌터 활용법

지금 생각이야 평생도 다닐 수 있을 것도 같겠지만 언젠가 이직을 해야 할 때가 올 확률이 90%일 것이다. 사실은 그보다 직장을 다니고 있지만 얼마 있으면 이직을 해야 하지 않을까 라고 생각하는 직장인이 더욱 많을 것이다.

요즘과 같은 시대의 직장인들에게 이직은 숙명과도 같다. 한 직장에 취직해서 30년을 근무하고 정년 은퇴하는 우리 부모님 시대와는 다르다. 부모님들이야 만약 대기업에 취직하셔서 IMF의 위기를 버티셨다면, 20~30년 근무하신 대가로 은퇴와 동시에 국민연금 등 각종 연금에서 나오는 얼마간의 금액들로 노후를 보내신다. 그리고 연금이 아니더라도 한창 대한민국이 성장하는 시기에 사회활동을 하셨던 그 분들은 상당한 성장률을 가진 경제시대를 겪었고, 은행 이자율뿐만 아니라 부동산 상승률도 대단해서 성실하게 살았던 대가로 얻은 자산에서 발생하는 자산소득으로 노후생활이 가능한 경우가 많았다.

하지만 지금 사회생활을 열심히 하고 있는 직장인들은 경우가 많이

다르다. 우리는 한 회사에서 평생을 근무해서 정년 은퇴하는 것 자체가 이미 선택할 수 없는 옵션이지만, 그렇게 한다고 한들 그 성실함이 노후를 보장하지는 않는다. 지금의 대한민국은 이전과 같이 고도성장기에 있지 않으며, 현재의 직장인들에게는 안정적인 연금도, 자산 증식도 묘연하기 때문이다.

그러므로 만약 평생직장이 가능하다고 해도 늘어난 수명과 부실한 노후 대책에 대비해서 이직, 또는 제2의 커리어를 생각하지 않을 수 없다. 하물며 평생직장이 가능하지 않다는 것은 누구나 동의하는 사실일 텐데, 이 시국에 이직에 대한 고민이 없다는 것은 어쩌면 자기 인생에 대한 무책임과도 비슷할 것이다.

이렇게 어쩔 수 없이 고민해야만 하는 이직에 있어서 어느 날 받게 되는 헤드헌터의 전화는 매우 반갑다. 헤드헌팅의 대상은 아무나 될 수 있는 것이 아니기 때문이다. 일반적으로 기업에서 헤드헌터를 활용하는 경우는 공채로 직원을 뽑는 일이 수월하지 않기 때문이다.

왜 그럴까? 아주 희소한 사람만이 보유하고 있는 경력이나 기술을 가진 사람을 채용하고자 하는 경우 또는 이 자리에 어떤 사람이 들어오는가에 따라 회사의 운명이 좌우될 만큼 중요한 포지션인 경우 등이 될 것이다. 꼭 사람이 필요하지만 그저 공채만으로는 사람을 찾는 일이 힘든 경우에 기업에서는 따로 비용을 들여서라도 헤드헌터를 활용하여 사람을 찾는다. 그러므로 헤드헌터의 전화를 받았다는 사실은 내가 시장에서 어느 정도 필요한 사람이라는 생각을 해도 무방할 것이다.

다만 헤드헌터와 그들이 속해 있는 서치펌은 기업과 B2B로 인재 채용과 컨설팅에 대한 계약을 해서 비즈니스를 진행하는 것으로 한 명의 후보자만을 추천하는 것은 아니기에 취업에 성공할 수 있으려면 헤드헌터가 기업에 추천하는 후보자들 중에 우위에 들 수 있어야 할 것이다. 기업에서 요구하는 조건에 부합하는 인력이기에 추천 대상자가 된 것이긴 하지만, 그것이 해당 기업에의 합격을 보장하는 것은 아니다. 다만, 해당 포지션의 취업이 성사되지 않더라도 헤드헌터와 관계를 맺는 것은 적합한 포지션이 오픈되었을 경우 먼저 검토 대상이 될 수 있는 여지를 열어둘 수는 있다.

또한 해당 포지션에 지원하고 이력서 제출, 서류 검증, 기업 면접, 처우협의 과정에서 헤드헌터와 원활한 관계를 맺고 헤드헌터의 진행에 협조한다면 지원자는 각각의 과정마다 무료로 취업 컨설팅, 커리어 컨설팅을 받는 효과를 누릴 수도 있게 되는 것이고, 이는 헤드헌터와 구직, 이직, 취업을 진행하면서 얻게 되는 부수적인 효과라고 할 수 있을 것이다.

이 세상에 위대한 사람은 없다. 단지 평범한 사람들이 일어나 맞서는 위대한 도전이 있을 뿐이다.

– 윌리엄 프레데릭 홀시 –

나의 커리어를 빛나게 하는 4가지 로드맵

ROAD MAP
4

전문가로서의
독립을 위한
커리어독립플랜

017

나는 임원이 될 수 있을까? 임원이 되는 것은 좋을까?

직장인들이 커리어독립을 할지, 아니면 직장인으로 남을지를 결정하는 시기는 "내가 임원이 될 수 있을까?"라는 질문을 하는 시기와 맞물릴 것이다.

내게 질문을 해 보자. 그리고 찬찬히 그에 대한 답을 생각해 보자. "나는 과연 이 회사에서 임원이 될 수 있을까?", "그리고 이 회사에서 임원이 되는 것은 과연 어떨까?"

사실 이 질문을 받고 얼마간의 시간이 지난다면 그 질문에 대한 답은 모두 스스로가 찾게 될 것이다. 내가 학부를 졸업하고 입사한 회사에서 어떤 여자 선배는 여자 직원들끼리 모여 있던 어떤 자리에서 스쳐 지나가는 말로 "나는 삼성에서 최초의 여성 관리 임원이 될 것이다."라고 했었다. 관리 부분에서 여성 임원이 최초인지 어떤지, 그리고 그 선배가 지금은 어떻게 지내고 있는지 찾아보지는 않았지만, 그 선배는 당시에 그룹장에게 깊은 총애를 받고 있는 것으로 보였고, 마치 꼭 그렇게 될 수 있을 것만 같았다.

반면에 자주 일어나지 않는 대리 승진에서 누락하고, 그 다음 대리 승진 기회에 승진한 선배를 보면서는, 어쩌면 저 선배는 언젠가는 이 회사 말고 다른 길을 고민해야 하는 것 아닐까? 하는 생각을 했었던 것으로 기억난다. (하지만 그 선배는 당시에 그 회사에 정년 때까지 다니겠다고 말했었다.)

물론 회사에서 임원이 될 수 있는지와 별개로, 또 이 회사에서 임원이 된다면 그것은 나한테 좋은 걸까? 에 대한 질문도 반드시 필요하다.

최근 만났던 어느 지인은 진심인지 알 길은 없지만, "내가 이 회사에 남아 있으면 임원이야 되겠지. 그런데, 그냥 이 회사 임원하는 게 싫어."라는 말을 한 적이 있다. 앞으로 나의 커리어 방향을 결정하는 데 있어서, 내가 이 회사에서 임원이 될 수 있는지, 그리고 그 임원이라는 자리가 마음에 드는지, 이 두 가지의 질문을 내게 던져보는 것은 다음 스텝의 방향을 결정하는 아주 중요한 결정이 될 것이다.

보통 회사의 안정성은 아주 중요한 문제일 수 있지만, 어떤 경우는 이와는 별개로 커리어 방향을 정하기도 한다. 내가 임원이 될 수 있는가를 고민하고, 그리고 임원이 되면 좋은가를 고민할 때, 이는 회사의 안정성과는 또 다른 문제일 수 있다는 것이다.

공기업에 다니는 어떤 선배는 8년을 근무한 후 이 회사에 다니면 정년은 할 수 있겠지만, 임원은 할 수 없겠다는 생각이 들었다고 했다. 왜 그런지를 물으니, "원래 임원이 될 애, 아닐 애는 그냥 보면 알잖아."라는 두루뭉술한 답변을 주었다. 그리고 전문 자격증 수험을 시작했고, 부양가족이 있는 상황에서 수험생활에 집중하여 2년 만에 전문직으로 화려하게 데뷔했다. 그의 말은 이렇다.

"사실 연봉도 낮은 편은 아니었어서, 내가 ○○에 계속 다니면서 정년까지 근무했을 때 연봉이나 △△사 하기 위해 2년을 공백으로 두고, 다시 수습으로 시작해서 경력을 쌓았을 때 벌 수 있는 연봉이 어쩌면 비슷하겠다는 생각도 들더라고. 그런데……. 아침 6시에 일어나서 밤늦게 퇴근하고, 매번 타 지역 근무를 하다 보니 그냥 다른 길을 가야겠다는 생각이 들었어. 내가 옮기고 싶은 분야에 관심이 있기도 하고, 회사에서 했던 업무와 연관이 있기도 하고, 전문직으로 살고 싶기도 하고, 그냥 그랬어."

2020년 최근 조사한 자료들을 보면, 비슷한 생각을 하는 직장인들이 다수 있는 것으로 보인다. 잡코리아가 최근 남녀 직장인 1,084명을 대상으로 실시한 설문조사[1]에서는 임원이 되기 위해 준비하고 있는 직장인은 34.7%로, 3년 전(2017년) 조사 당시 41.4%에 비해 6.7%p 낮아졌다고 한다.

---

1) https://m.jobkorea.co.kr/GoodJob/Tip/View?News_No=16380&schCtgr=120001 직장인 34.7% 임원준비 3년전 대비 줄어, 잡코리아 취업뉴스, 2020.01.14

아울러 현 직장에서 이루고 싶은 최고의 목적은 안정적인 직장생활(24.4%), 업무경력을 쌓아 독립(창업)할 수 있는 기반을 닦는 것(23.9%), 고액연봉자가 되는 것(21.6%), 자신의 직무 분야에서 최고의 전문가가 되는 것(21.3%) 순이었다고 한다.

중요한 것은 지금 있는 곳에서 나는 최고의 자리에 오를 수 있을까? 그리고 그렇게 되는 것이 좋을까? 에 대한 질문을 하고, 그에 맞추어 임원이 될 수 있는 준비, 아니면 독립, 전문가가 될 준비를 하는 시점이 직장생활 어느 지점에는 반드시 필요하다는 것이다.

TIP

자기를 보는 법

자기 자신이 자신을 가장 잘 안다. 사실 일을 몇 년 하다 보면 자신이 임원이 될 만한 재목인지, 그렇지 않은지 자신이 알 수 있다. 임원이나 사장 될 만한 사람은 어렸을 때부터 가능성이 있는지 아닌지 자기 자신부터 알아볼 수 있다. 나는 회사에서 임원이 될 만한 사람인가?
만약에 그렇지 않다면 지금부터 준비하라. 그곳에서 계속 성장하기 위한 노력도 좋고, 아니면 다른 길을 찾기 위한 노력도 좋다. 무엇이 내가 가야 하는 길인지 모른다면 일단은 무엇이든지 주제를 정해 학습하기를 권한다. 끊임없는 학습은 많은 길을 열어준다. 심지어 막막해서 앞길이 보이지 않았던 사람에게 그 해답을 제시해 주기도 한다.

예전 선인들이 가장 듣고 싶은 말은 학생이었다고 한다.

현재 당신의 위치가 영원할 것이라고 생각하지 말라. 항상 눈을 뜨고 기회가 찾아왔을 때 도움이 될 자질을 자신의 인간성에 추가하라. 언제 어느 때 기회가 찾아와도 당황하지 않도록 항상 준비해 두어라. 사람은 자기 마음에 그린 것을 끌어당긴다는 것을 잊지 말라. 당신이 기회를 찾는다면, 분명히 찾아진다.

_데론 Q. 듀몬, 〈집중의 법칙〉 중에서

018

그녀가 '그 좋은 직장'을 나온 이유

삼성을 그만 두었을 때, 가장 많이 들었던 말은, "아니, 그 좋은 회사를 왜 나왔어요?"였다. 요즘 같이 취업하기 어려운 시대에 왜 좋은 직장을 나왔냐는 이야기인 것이다. 그러면 내 대답은 한결 같았다. "아. 뭐. 그렇게 좋지는 않아요."

내 삶의 모습을 그려보기

내 지금 모습은 아무래도 괜찮았다. 옛 어른들께서는 젊었을 때 고생이야 사서도 한다고 하셨었고, 젊었을 때야 돈 몇 푼 적게 버는 것도 괜찮았다. 그리고 그 회사에 다니던 동기들과 함께 우리야 연봉이 적네,

어쩌네 하면서 가끔씩 불평하곤 했지만, 그러던 우리도 사실은 우리 회사가 다른 회사에 비해 우리에게 그다지 적은 대우를 해 주는 것은 아니라는 것쯤은 알고 있었다. 내게 그런 것보다 더 중요한 건 앞으로의 내 모습이었다. 지금 모습보다는 훨씬 더 나아야 할 내 모습이었다.

싸구려 월급과 비싼 세금

이젠 벌써 오래전 이야기이지만, 2005년 일본 드라마 중에 초등학교 6학년생들이 담임선생님과 대항하는 모습을 그려낸 '여왕의 교실'이라는 드라마가 있었다. 국내에서 2013년에 리메이크되기도 한 이 드라마는 6학년 학생들을 배경으로 그려지지만, 실제 어른들의 모습을 아이들의 눈으로 투영시킨 이야기에 다름 아니었다.

그 드라마에서 '마야'라는 선생님은 아이들에게 공부의 중요성을 이야기하면서 이렇게 말한다. "너희들은 이미 사립 초등학교에 다니는 아이들에 비해 한참은 늦게 시작하는 것이다. 세상은 그런 것이다. 이대로 그냥저냥 살다 보면, 대충 학교 나와서, 받아주는 직장에 대충 취업하게 되는 것이고, 그러면 평생 동안 굶어죽지 않을 만큼의 '싸구려 월급과 비싼 세금'을 내면서 살아간다."

마야의 대사 중에서 '싸구려 월급과 비싼 세금'이라는 단어는 드라마를 보는 내내 내 마음에서 왔다 갔다 했다.

"싸구려 월급과 비싼 세금……."

그렇다. 지금 나의 모습은 괜찮다. 그런데 나, 계속 이래야만 하는 걸까? 내가 원하던 삶은 과연 이런 것이었을까? 마야가 말한 "싸구려 월급과 비싼 세금"은 비단 일본의 이야기뿐만은 아닐 것이고, 비단 어느 한 직장만의 이야기도 아닐 것이다.

영원한
프롤레타리아 계급

개인 사업을 한다는 친구와 이야기하면서, 연봉 이야기가 나왔었다. 그 친구가 그랬다.

"월급쟁이야 뭐……. 얼마 받든 얼마나 차이가 나나."

영원히 벗어날 수 없는 프롤레타리아 계급 "샐러리맨". 자본주의 사회에서 자본가와 노동자로 이분화된다면, 영원히 부르주아 계급에 속할 수 없는 노동자가 바로 샐러리맨인 것이다.

〈바이아웃: M&A의 진짜 비밀〉에서 릭 리커트슨은 심지어 한 회사의 CEO로 군림하는 전문 경영인에 대해 논하면서도, 그들이 시장에서 전문 경영기술에 대해 받을 수 있는 대우는 현재 본인의 회사에서 받는 연봉의 훨씬 이상일 수도 있다고 말했다. 심지어 전문 경영인 CEO 마저도 이러한데, 대조직의 하부 기관을 담당하는 일원이 되는 샐러리맨들의 생활에 대해 "그렇지 않다."고 당당하게 말할 수 있는 사람이 얼마나 있을까?

불편한 진실

모든 사람이 창업할 수도 없고, 모든 이가 기업의 오너가 되고 싶다고 해서 그것이 다 이루어지는 것은 아니다. 언제 세상이 우리에게 그리 호락호락했던가? 하고 싶다는 신념만으로 모든 것이 다 이루어지지는 않는다는 것은 어렸을 적 대통령이 되겠다는 꿈을 버리면서 이미 다 알았다. 한우물만 팠다가 잘못되는 이들은 또 얼마나 많은가? 어쩌면 우리는 모두 나올만한 우물이 무엇인지 아는 지혜가 먼저 필요한 것인지도 모른다.

하지만, 세상이 굴러가는 대로 그저 나를 맡겨 두기에는 무언가 아쉬웠다. 난 싸구려 월급과 비싼 세금을 내면서 평생을 살기도 싫었고, 영원히 부르주아가 될 수 없는 구조에 나를 내맡기기도 원치 않았다. 차라리 내가 원하는 것을 위해 조금은 용기를 내어서, 할 수 있다면 더 큰 조직과 대의를 위해 자신을 내던지는 '칼레의 시민'이 되고 싶었다. 그저 나 자신의 생계만을 위해 싸구려 월급으로 비싼 세금을 내면서 아등바등 사는 것 말고, 나보다 더 큰 무언가를 위해 나를 헌신함으로써 느낄 수 있는 인간적인 감동을 내 인생에도 한 움큼 넣어 주고 싶었다. 그러려면 이대로 살아서는 안 되고 물질적으로나 심적으로나 더 여유가 있는 삶을 살아야 하는 것이었다.

칼레의 시민이 되기 위해서

물질의 여유뿐만 아니라 마음의 여유까지 겸비한 칼레의 시민이 되기 위해서 내가 지금 할 수 있는 것을 해야만 했다. 회사에서 선배들을 보면서, 용기를 내야겠다고 생각했다. 열심히 살지만 벗어나지 않는 그들의 모습이 내가 바라는 모습은 아니었다. 자기가 사는 곳을 벗어나 자신의 꿈을 이루었던 〈파블로 이야기〉의 파블로처럼 무언가 변화가 필요했다.

중요한 건 내게 필요한 변화가 무엇인지 아는 지혜와 실행할 타이밍을 판단하고 실행할 수 있는 용기, 그리고 노력. 우리가 지금 결정한 것이 잘한 결정인지는 우리의 미래가 말해 줄 것이다. 다만, 우리의 미래는 우리의 현재로 이루어지는 것이기에 지금 이 순간을 이 과정을 즐겨야 한다. 아주 즐겁게!

무엇보다 한 우물만 파야 한다는 믿음은 인간으로 하여금 새로운 시도를 하지 못하게 막는다. … 물론 한 사람이 할 수 있는 일에는 어느 정도 한계가 있다. 그러나 한 우물을 파는 것이 최고라는 생각, 단 하나의 전문직으로 고수하는 것만이 최선의 길이라는 생각만 버려도 당신 앞에는 새로운 세계가 열릴 것이다.

_올리버 버크먼, 〈행복중독자〉 중에서

019

당신을 전문가로 만들어주는 주문

책임을 내려놓는 순간 끝이다 _책임지는 습관

직장의 분위기에 따라 엄격한 상하 위계질서 속에서 부하는 상사의 말에 순종하며 따르면서 배우며, 상사는 부하의 업무에 대한 책임을 나누는 분위기가 있을 수 있으며, 이보다는 약한 상하 위계질서 속에서 신입사원부터 혹독하게 자신의 일에 대해 자신이 책임을 지도록 하는 조직이 있을 수 있다. 물론 이런 곳의 신입사원은 신입사원이기 이전에 자신의 업에 대한 책임을 자신이 부담하는 전문가라 불리는 이들이다.

어느 조직, 어느 분위기나 장단점은 존재하며, 이를 선택하는 것은 각자의 책임이다. 또한 어느 한 쪽을 원한다고 해도 그곳에 속할 수 있는 것은 아니며, 한 조직에서 필요로 하는 일정한 능력이 충족되어야만 비로소 원하는 것을 향유할 수 있게 된다.

선택

새로 사회에 입문한 사람의 입장에서는 모든 일이 실수투성이이고, 하는 것마다 틀리는 것이 많다. 이런 사람의 입장에서 자신의 보호막이 되어주는 사수가 존재한다는 것은 크나큰 행운일 수 있다. 그렇지만 자신의 일에 자신이 책임지는 전문가가 된다고 해서 사회에 입문한 처음부터 모든 것을 홀로 시작해야 하는 것은 아니다.

물론 책임은 각자가 지지만, 이곳에도 상사가 존재하며, 학교에서 배우는 것보다는 일하면서 배워 나가는 것이 훨씬 많다. 다만, 전자는 일정한 정도로 성숙하기 전까지는 책임이 없으니 그에 따르는 권한도 없는 것이며, 후자는 일을 배워 나감과 동시에 책임과 권한을 함께 지고 나가게 되는 것이다.

후배는 선배의 가르침을 받는 사람으로만 존재하며, 일을 잘 몰라 언제든 실수할 수 있으니 책임 있는 일을 할 수 없는 곳에서는 일은 하나 책임을 지지 않으므로 개인이 보다 의욕적으로 일할 기회를 상실하게 된다.

예를 들어 예산 실무를 담당하는 직원이 모든 예산안 검토와 분석은 시행하지만, 직급이 낮아 결재는 그 직속 상사가 하게 된다. 이런 경우 실무를 담당하는 직원은 일은 본인이 하지만, 책임은 그 직속 상사가 지게 된다.

하지만 새로 입사한 직원이 본인이 하는 일에 대한 책임까지 함께 지게 되는 경우, 본인이 일한 내용에 대한 피드백은 상사로부터 받지만, 이를 수정하고 반영한 것에 대한 책임은 그 부하 직원이 공식적으로 지게 된다.

새로 일을 시작한 사람에게 어느 방법이 더 나은지에 대해서는 논란이 있을 것이며, 서로 병행하여 진행해야 하는 부분도 반드시 존재한다.

습관이란 게 무서운 거더군

하지만, 습관은 그 무엇보다도 무서운 것이다. 습관처럼 헤어진 연인의 사진을 물끄러미 바라본다는 어느 노래의 가사처럼 우리에게 남겨진 습관은 무섭게도 잠재의식 속에 존재한다.

우리가 더 나은 삶을 살고, 전문가로서 지금 있는 곳에서 더 나은 곳을 바라보기 위해서 갖추어야 할 것은 그 무엇보다도 독립성이다.

힘이 들고, 지쳐서 주저앉고 싶을 때 가장 먼저 생각나는 것은 기대고픈 사람이다. 도와줄 누군가가 있다는 것은 기쁜 일이지만, 여기에만 의존하다 보면 어느 샌가 홀로 서는 방법을 잊어버리게 된다. 장담하건대, 홀로 설 수 없는 사람은 둘이서도 설 수 없다. 힘이 들고 지치고 외로울 때, 그 두려움을 이겨내야 비로소 한걸음 앞으로 나아가게 된다.

비록 힘이 들지만, 홀로 설 수 있도록 장려해 주는 조직 시스템에서 일하는 사람은 이것이 본인의 습관이 된다. 그리고 습관은 나도 모르게 내 생활과 생각을 좌우한다.

보다 성숙한 사회가 되기 위해서 그리고 삶을 행복하게 영위하기 위해서 습관을 아름답게 가꿔야 하며, 이것은 우리가 가장 많이 부딪히는 조직사회인 직장에서도 마찬가지이다. 내가 속해 있는 조직에서 이것을 시스템적으로 받쳐주지 못한다면 나 스스로 나만의 시스템을 만들어야 한다. 누구에게도 의지하지 않기, 나 스스로 일어서기, 내가 한 일에 대한 책임을 지며 그에 걸맞은 권한을 당당하게 요구하기. 이것이 바로 진정한 전문가로 거듭나는 방법이다.

내 일에 애정을 쏟지 않는다면 그것은 내 일이 아니라, 남의 일을 대신해 주는 것에 불과하다. 무슨 일이든 그 일에 흠뻑 빠지지 않는다면 그것은 결코 내 일이 아니다. 지금 하는 일을 좋아하고 사랑하려면 그 일을, 지금 만들고 있는 제품을 끌어안고 자야 한다. 그만한 관심과 애정이 없다면 자기 일이 아니다.

_이나모리 가즈오, 〈왜 일하는가〉 중에서

깊은 능력이 곧 넓은 능력이다

_전문성의 영역

깊게 파는 것은 넓게 파는 것

어느 한 부문을 깊게 파는 것은 곧 넓게 파는 것을 동시에 수반한다. 한 우물만 파겠다고, 얇은 선 하나만 그어서 밑으로 내려갈 수는 없다. 깊게 파고자 한다면, 동시에 넓게 파야지 더 깊은 깊이로 들어갈 수 있다. 그래서 어느 하나의 것에 호기심을 가지고 그것에 대하여 연구하다 보면 다른 것들에 대한 이해도 넓어질 수밖에 없는 경지에 다다르게 된다.

예를 들어 어느 곤충학자가 파리머리를 대상으로 연구한다면, 그는 파리머리를 제대로 연구하기 위해 파리의 머리와 몸, 다리가 어떻게 유기적인 관계를 지니고 움직이는지 알아야 할 것이며, 파리의 머리는 모기의 머리와 어떻게 다른지를 비교 연구할 것이다. 그리고 파리의 머리는 왜 그렇게 움직이고 진화하는지 알기 위해 전체적인 곤충 생태계를 연구하고 싶은 생각이 들 수도 있을 것이다. 그리고 곤충 생태계는 다른 동물 세계와 어떻게 반응하는지에 대하여 궁금하기도 할 것이다.

그러므로 어느 한 분야에 대하여 전문성을 가지기 위해 노력하다 보면, 그와 연관된 다른 부문들에도 어느 정도의 식견은 갖출 수 있게 된다.

다만 이러한 것들은 단순히 뭔가에 갑자기 호기심을 가지기 시작하는 것만으로 이루어지지는 않는다. 호기심이 지속되는 시간과 그 시간 동안 얼마나 집중할 수 있는지에 따라서 달라진다. 어떤 것을 좋아하고, 그것을 꾸준히 좋아하고, 이런 과정을 거쳐 호기심의 대상에 대하여 깊게 파고들어 알아가는 중에 넓게도 알게 되는 것이다.

이렇게 인생에서 삶의 범위, 생각의 범위를 넓혀 가는 것의 효율적인 방법 중에는 어느 한 가지에 대하여 깊이 좋아하고, 그것에 대하여 깊이 연구하는 것에 있기도 할 것이다. (물론 한 우물만 팠는데 그 우물에서 물이 안 나올 수도 있다. 많은 사람들이 이것저것 여러 가지를 시도하는 사람에 대하여 "집중력이 없다." 등의 말을 하면서 부정적인 시각을 보내지만, 만약 한 우물만 파다가 그곳에서 물이 안 나온다면 또 그것만큼 낭패가 없다. 10년간 사법고시를 준비했는데, 한눈을 팔면 안 된다고 해서 그것만 했는데 합격하지 못했을 경우 어떻게 해야 하는가? 남들이야 지금이라도 다른 것을 시작하라고 편하게 이야기하겠지만, 사법고시 공부 외에 아무것도 해 보지 않은 그가 할 수 있는 다른 것을 찾기 위해서는 높은 두려움의 파고를 넘어야 할 것이다.)

플랜 B 준비하기

다만, 수험 공부가 아닌 일반 직장인의 경우 본인의 본업에 집중하고, 그 업에 대하여 전문성을 가지기 위해 깊이 파고들어 수행하면서도, 그 범위를 넓히는 작업을 통해 어느 정도는 "내가 파던 우물에서 물이 안 나올 경우"에 대한 대비가 가능하다. 즉 나의 본업에 해당하는 우물을 파면서, 이와 연관이 있는 비슷하면서도 다른 부문도 함께 파는 작업을 진행하는 것이다. 같은 분야인데 다른 플랫폼을 사용하거나, 같은 일이지만 이를 바라보는 방향이 다른 지점의 시선에서 일을 진행하는 등의 방법을 통해 적지만 부수입까지 올리면서 작은 비율이나마 수입원을 다양화해 볼 수도 있다.

일반적인 경우 인생의 경제적 위험을 제거하기 위하여 수입원을 다양화하는 것은 반드시 필요하지만, 본업에 충실한 것과 수입 다변화 사이에서는 늘 충돌이 발생한다. 만약 수입 다변화가 필요하지만 본업에 충실하지 못해지는 것이 싫다면, 본업을 기반으로 하는 부수입을 창출하는 방법을 연구하는 것이다.

혹여나 타인의 시선으로 그것이 그저 문어발식 확장으로 보일지라도 스스로는 그 연관성을 남들에게 설명할 수 있으면 충분하다. 과거에 내가 해왔던 여러 가지 커리어들의 연관성을 설명할 수 있어야 하고, 또 지금 진행하는 모든 프로젝트가 어떻게 상관관계를 가지는지에 대하여 충분히 타인을 이해시킬 수 있는 정도가 되어야 한다.

무슨 일을 하든지 커리어관리는 장기적인 관점에 진행해야 하고, 또 서로 연관성을 도출해낼 수 있어야 한다. (물론 그렇지 않은 경우의 프로젝트란 그저 취미로 남기면 된다.) 내가 사회에서 인정을 받고 전문성을 발휘할 수 있는 부분은 내가 그동안 해왔던 것들의 총합이기 때문이다.

이러한 과정을 거치면서 자연스레 나는 내 미래의 불확실성에 대한 리스크 헷지를 할 수 있게 된다. 이렇게 넓은 우물을 파는 과정을 통해 준비해 가는 플랜 B는 어느 시점에 다다르면 플랜 A의 자리로 변모할 수도 있게 된다. 플랜 B가 플랜 A로 변화하는 시간 동안 그때까지의 수입을 지금의 플랜 A를 꾸준히 하는 것으로 보전하면서 역량을 키워 가는 것이다. 제2의 커리어를 안전하게 준비해 가는 것이다.

게임의 판을 짜기

다만 늘 중요한 것은 만들어진 게임에 참여하는 것보다 게임의 판을 짜고 규칙을 만드는 사람이 되는 것이 보다 더 유리하다는 사실이다. (물론 만들어진 게임에 참여라도 하는 것이, 그 옆에서 박수만 치고 있는 것보다는 훨씬 낫다.) 그리고 이렇게 하기 위해 해당 게임의 본질을 학습하려고 직장에 다니는 것이다. 직장에서 참여하는 게임의 경험을 양분 삼아, 직장 바깥에서 나만의 게임판을 보다 수월하게 짤 수 있다. 우리는 체스판의 말이 되는 것이 아니라, 체스판 위 각각의 말들을 움직이는 손이 되는 순간을 기대하는 것이다.

무언가의 아이디어를 바로 도출해 낼 수 있는 능력은 지금은 없더라도 계속해서 관심을 기울이다 보면 언젠가는 너무 오래지 않은 시간 내에 생긴다. 내게도 시장을 보는 감이 생기고, 돈의 흐름을 볼 수 있는 눈이 생기는 날이 온다. 그러기 위해서 본업에 충실하면서 눈으로 주시하고 귀를 열고 들어야 한다. 너무 많은 시간을 할애하지는 않되, 뉴스에 민감하게 반응하는 것도 트렌드를 읽는 데 도움이 될 것이다.

TIP

전문성의 척도, 데이터. 데이터가 자산

어느 한 분야에서 전문성을 갖는다는 것은, 사실 그 분야에 있어서는 누구보다 많은 데이터를 가지고 있다는 말과 동일하다. 전문성을 갖추기 위해서 깊고 넓게 나의 영역을 구축해 가면서, 그때 접하는 많은 데이터들을 하나씩 둘씩 축적해 두어야 한다. 바로 여기에서 나의 전문성이 쌓이고 발휘될 수 있는 것이다.

나는 회사를 그만 두고 나서 이전에 했던 업무들을 떠올리면서, 그동안 그 업무에 대한 상세한 내용을 준비해 놓지 않았던 것에 대해 아쉬워했던 적이 있다. 대부분의 회사 업무 시의 자료들은 대외비여서 밖으로 유출되어서는 안 되는 경우가 많지만, 공개된 사이트에 올라오는 자료들을 가지고 일을 하는 경우, 이것들만 모아두어도 나중에 훌륭한 자신만의 자산이 될 수 있다. 아니면, 자신이 일했던 업무일지나 업무 매뉴얼만으로도 다시 일을 시작하는 데 있어서 유용하게 쓰일 것이다.
한 업무를 오래 지속하다 보면 그 분야에 있어서 대가가 되는 순간이 온다. 그리고 이것은 어떤 면에서는 그 사람의 컴퓨터에는 어느 누구보다 많은 양의 데이터가 있어서 언제든지 이를 활용하여, 쓸모 있는 보고서 등을 만들어 낼 수 있다는 말과 같다.
한 분야의 방대한 분량의 데이터 없이, 그 분야의 대가가 될 수는 없다. 모든 문제에 대한 해결책은 관련된 데이터를 분석하는 것에서부터 출발한다. 자신이 맡은 분야에서 대한민국에서 가장 많은 데이터를 가지고 있다고 자부할 수 있을 만큼 데이터를 수집해야 한다.

그러고 나면 당신은 그 데이터들을 활용하여 아무나 이끌어 낼 수 없는,

차별화된 결과들을 도출해 낼 수 있게 될 것이다. 학위를 받기 위한 논문도 이와 다르지 않다. 일단 많은 양의 데이터가 필요하다. 업무에 있어서도 데이터베이스를 제대로 구축하지 않은 상태에서 유용한 성과를 이끌어 낼 수 없음은 자명하다. 지적 능력을 향상시키고, 사회 전반에 대한 현상들에 대해 나름의 철학을 가지고 논리를 펼치기 위한 데이터베이스를 구축하고, 자신의 업무에서 누구보다도 나은 성과를 발휘하기 위해 그 분야에 있어서만큼은 대한민국에서는 가장 많은 데이터를 가지고 있는 사람이 되어야 한다.

그러면 사람들은 당신을 찾아올 것이다. 그리고 당신을 찾아온 사람들, 당신이 찾아갈 사람들을 기억하고, 저장하여, 언제든지 자신과 소통할 수 있는 인적 데이터베이스를 구축하자. 사람은 독불장군처럼 혼자서 갈 수 없다. 혼자서 많은 일을 해낼 수 있는 사람은 없다. 사람은 사람들과의 관계를 통해 많은 것을 이루어 나간다. 당신의 데이터베이스는 당신 성장의 밑거름이 될 것이다.

말하자면 어떤 분야에서든 데이터를 활용할 줄 아는 사람은 '게임 체인처'가 될 수 있다. 게임 체인저란 정해진 룰의 범위 안에서 이기기 위해 노력하기보다 아예 게임의 룰을 통째로 바꿔버리는 사람을 가리키는 말이다.

_KBS 명견만리 제작팀, 〈명견만리 정치, 생애, 직업, 탐구편〉 중에서

감을 잡아야 능력이 산다
_안목과 센스를 기르는 법

어떤 사안에 대하여 소위 말하는 '감'을 갖춘다는 것은 그것을 수행하기에 아주 수월한 상태가 된다는 것을 뜻한다. 증권사에서 IPO를 담당하는 한 친구는, "대한민국에서 이 업무를 하는 과·차장급 중에서는 내가 제일 잘해요."라는 말을 했던 적이 있다. "그래요? 그런데 구체적인 게 필요하긴 한데. 어쨌든, 셀링 포인트가 뭐예요? 내가 뭐라고 어필해야 하죠?"라고 물었을 때, 이런저런 프로젝트 이야기를 꺼내면서, 말끝에 이렇게 덧붙였다. "아! 그리고 나는 '감'이 좋아요. 어떤 기업이 될지, 안 될지 감이 오거든요."

이 친구가 이야기했던 '감' 무엇일까?

'감'이 좋다는 말과 동의어로, "느낌이 좋다."라는 말을 쓰는 경우가 많다. 이 느낌이라는 것은 굉장히 주관적인 것으로 개개인에 따라서 모두 다를 수 있다. 이것은 취향이 될 수도 있고, 안목이 될 수도 있을 것이며, 개인적 선호가 될 수도 있을 것이다. 이러한 감, 느낌은 주관적인 형태로 나타나기 때문에 개개인별로 모두 다르고, 그러므로 그 차이도 미세하지만 결정적으로 나타난다.

미세하다는 것은 그 정도의 차이가 적을 수 있다는 것이고(어쩌면 같은 교육을 받고, 같은 미디어를 통해 학습하는 동시대를 살아가는 사람들이 이는 동일한 것을 보고, 느끼는 것은 모두 비슷할 수 있으므로), 하지만 결정적이라는 것은 바로 이러한 미세한 감, 느낌의 차이로 인한 선택이 큰 결과의 차이를 가져올 수 있기 때문이다.

"작은 차이가 명품을 만듭니다."

한때 유명했던 광고 카피가 있다. 요즘 어떤 물건이 자신의 기능을 하지 못하는 경우는 거의 없다. 하지만 그 물건에 입혀진 어떤 미세한 차이로 인해 명품과 기성품이 갈리는 것이다. 사람들의 선택을 받는 미세한 감의 차이는 명품이냐 기성품이냐를 가르는 중요한 결정적 요인이 되는 것이다.

이러한 '감', 안목을 기르기 위해서는 어떻게 해야 할까? 아주 추상적인 개념이기에 딱 어떻게 하면 된다고 하는 구체적인 방법을 제시하기는 어렵다. 제대로 된, 앞서가는 감을 가지기 위해서는 시간을 담보로 한 꾸준한 노력과 관찰이 있어야 할 것이다. 자신이 속한 분야에서 오랫동안 전문성을 가지고 일함으로써 해당 분야에 대한 충분한 지식이 있어야 할 것이고, 동시대를 읽는 힘이 있어야 하고, 사람의 마음을 읽는 힘이 있어야 하는 것이다. 이러한 감, 안목은 단시간에 형성되지 않으며, 지금까지 살면서 쌓아 올린 모든 지식의 총합이 바로 감으로 나타나는 것이다.

그러므로 "Connecting the dots. 우리가 겪는 모든 일들은 모두 점점이 연결된다."라는 스티브 잡스의 말은 옳다. 우리가 겪어낸 수많은 에피소드들은 일견 그것들이 아무런 상관이 없는 것처럼 보이더라도 언젠가는 우리가 어떤 중요한 결정을 하는 데 반드시 영향을 미치게 된다.

구체적인 연결성이 보이지 않는다고 하여도, 그것은 우리의 안목, 감, taste를 형성하는 구성요소임에는 틀림없다. 그리고 안목, 감은 인생 전반에 걸쳐서 영향을 미친다.

임진왜란 때 류성룡은 훌륭한 장수를 알아보고 추천하여, 그들이 왜군을 크게 격퇴하게 했다. 그 장군이 이순신과 권율이다. 마찬가지로 기업 운영을 하는 리더들도 '감'이 있어야 한다. 사람을 보는 안목은 HR의 핵심이기 때문이다. 반대로 구직자가 입사하는데도, 좋은 회사를 고를 수 있는 감이 있어야 한다. 그래야 나의 소중한 시간을 허비하지 않는 것이다.

뿐만 아니라 결혼할 배우자를 고르는 데도 감이 있어야 하며, 기회가 왔을 때 잡는 것도 바로 이 안목, '감'이 주는 능력이다. 기회를 접했을 때 '이것'이 기회이고, '이것'이 될 것이라는 사실을 바로 느낄 수 있어야 하는 것이다. 우리는 인생을 충실히 살아냄으로써 그 시간의 결과로, "'감'이 좋아요."라고 말할 수 있어야 한다.

TIP

안목과 센스를 기르는 방법

안목과 센스를 기르기 위한 구체적인 방법으로는 소설을 읽는 것을 추천한다. 사실 어떠한 상황이 왔을 때 그 사람이 어떻게 행동하고 반응하는가는 그 자체가 바로 그 사람의 삶이고 역사이다. 그리고 우리는 그러한 행동 또는 반응을 통해 그 사람의 안목과 센스를 가늠하곤 한다. 또한 실제로 이러한 안목과 센스는 주지하다시피 결정적인 순간에 중요한 판단의 기저로 작용하게 된다.

수준 높은 안목과 센스를 갖추어 후회하지 않는 선택, 제대로 된 판단을 하기 위해서는 당연히 충실하고 세심하게 자신의 삶을 살아가는 것이 그 첫 번째일 것이다. 하지만 여기에 더하여 만약 내가 겪지 못한 타인의 삶을 들여다보고, 고민하고 사색하는 시간들을 갖는다면 그 성숙의 속도에 가속을 더할 수 있을 것이다.
그리고 바로 여기에서 소설의 가치가 있는 것이다. 소설을 읽는다는 것은 타인의 삶을 그 내면의 변화까지 깊숙이 들여다보는 것을 뜻한다. 우리는 소설을 읽으면서 타인의 삶을 산다. 내가 경험할 수 없는 시대를 살고, 내가 겪을 수 없는 사건들을 겪으면서 그것을 내재화하는 순간, 인간과 세상을 바라보는 다른 한 가지 시선을 탑재하게 되는 것이다.

양귀자의 〈모순〉을 읽으면서 모든 것을 가졌지만, 인생의 허무함을 견디는 힘만은 가지지 못했던 사람의 내면을 들여다 볼 수도 있고, 알랭드 보통의 〈왜 나는 너를 사랑하는가?〉를 읽으면서 설명할 수 없었던 사랑의 이유에 대하여 고민해 보는 시간을 갖기도 한다. 또한 헤르만 헤세의 〈싯다르타〉를 읽으면서 가난을 견딜 수 있는 능력이 얼마나 소중한 것이고, 강력한 힘을 가지는 것인지를 알게 되며, 올더스 헉슬리의 〈멋진 신세계〉를 읽으면서 그 멋진 신세계와 현실을 비교하며, 너무나도 비슷한 부분이 많다는 점을 깨닫고 소름이 돋을 수도 있을 것이다.

이러한 소설들은 인간을 돌아보고, 사회를 돌아보게 한다. 그래서 그 속에서 살아가는 개개인의 인간들이 대체로 어떤 상황에서 어떤 행동을 취하게 되고, 사람들이 어떤 행동을 하는 데에 어떠한 이유가 있는 것인지에 대하여 나름의 파악을 할 수 있는 능력을 기를 수 있게 되는 것이다.
이러한 능력이 바로 안목과 센스에 연결되는 것이지 않을까?
다만 소설을 읽을 때는 혼자 읽는 것보다는 같이 읽는 것을 추천한다. 등장인물들의 반응과 행태에 대하여 타인과 함께 논하면서 내가 생각지 못했던 관점을 발견하는 것은 어마어마한 기쁨이기 때문이다. 또한 놀라운 깨달음과 더불어 혼자 읽었을 때 쉽게 잊히던 내용들이 타인에게 한번 이야기했다는 이유만으로 오랫동안 내 머릿속에 남아서 시시때때로 재생되는 신기한 경험을 할 수 있을 것이다.

소비가 아닌 생산에 집중하라
_'크리에이터'로 사는 법

전문가로 가는 가장 첫 번째 길에 있는 것은, 바로 소비보다 생산에 집중하는 삶을 사는 것이다. 여전히 소비에만 익숙한 삶을 살면 평생토록 누군가의 밑에서 조직원으로서 역할을 하는 것 이외에 다른 일을 도모하기는 어렵다. 소비와 생산의 개념은 남이 만든 것을 활용하느냐, 내가 어떤 것을 만들어 내느냐의 차이로 구분된다. 물론 아무런 소비 없이 어느 날 하늘에서 뚝딱 생산해 낼 수 있는 것은 아니다. 수많은 소비가 있어야 한 개의 생산을 해낼 수 있게 된다.

수많은 책을 읽은 책 소비자만이 한 권의 책을 만들어 내는 책 생산자가 될 수 있는 것과 같다. 어느 분야이든 이미 만들어진 것을 적극적으로 면밀하게 소비하는 자가 자기가 익힌 것들을 토대로 해당 분야에서 새로운 창조물을 생산해 낼 수 있는 것이다.

소비자가 있어야 생산자가 빛을 발하는 것이 당연하지만, 자신의 분야에서 전문가로 우뚝 서기 위해서는 생산자의 위치에 올라서야 하는 것은 자명한 사실이다. 그리고 어느 정도 타인의 생산물을 소비하는 기간을 가졌다면, 그렇게 그동안 사회에서 많은 것들을 얻어 왔다면, 이제는 자신이 받기만 했던 사회에 스스로 어떤 생산물을 제공하는 방법으로, 사회에 기여하는 방법을 찾는 것이 올바른 사회인의 도리이기도 할 것이다.

소비자의 위치에 있으면서 생산자의 위치로 변모하기 위해서는 소비자의 위치에 있을 때부터 작은 것부터 하나씩 자신만의 생산물을 만들어 내는 것이 중요하다. 자신의 전문성을 나타내고, 이를 증명할 수 있는 데이터들을 만들어 가는 것이다. 물론 내가 어느 기업에서 어느 정도로 일을 했고, 어느 프로젝트에 어느 만큼의 부분을 담당했는지 등도 중요하다. 이런 부분들도 충분히 중요한 데이터가 될 수 있다. 하지만 이를 별도의 형식으로 데이터화하고, 새로운 형태의 결과물을 만들어 낸다면 더욱 효과적일 수 있을 것이다.

요즘은 SNS가 잘 되어 있어서 이를 활용하여 손쉽게 자신만의 생산물들을 남기는 것들을 연습하는 것도 가능하다. 직장생활을 입력물로 하여 그것들을 수행함으로 인해 생기는 많은 것들 또는 직장 밖에 직장생활에서 느낀 것들을 정리하여 결과물을 만들어 내는 것이다. '디자이너'라고 하면 회사에서 열심히 디자인을 하고, 이러한 과정을 통해서 배우는 것들을 직장 밖에서 풀어놓는 것이다.

SNS가 될 수도 있고, 회사 상품과 연관된 다른 상품 또는 아이디어가 될 수도 있을 것이다. 배우고 익히는 입력물에만 힘쓰는 것으로 그치는 것이 아니라 결과물에도 힘써야 한다. 그리고 그 결과물을 만들 때 다양한 형태로 시도해 보는 것이다. 초반기엔 생산물의 양이 중요하지만, 생산하는 양이 많아지면 자연스레 질도 높아진다.

소비가 아니라 생산하는 사람이 되는 것에 초점을 맞추어야 한다. 이것은 또한 본인의 직장생활에서 성장을 도모하는 방법이 되기도 한다. 마치 책을 읽고 나서 다른 사람과 이야기하고, 그것을 글로 남기거나 그림을 그리면 그 책의 내용을 잊지 않게 되는 것처럼, 관련하여 더 많은 생산물을 만들어 낼수록 그 분야의 전문가가 되고, 담당 업무도 보다 능숙하게 처리하는 유능한 인재가 될 것이다.

배우는 것만으로는, 소비하는 것만으로는 진정한 내 것이 만들어지지 않는다. 가르칠 수 있어야 하고, 만들어 낼 수 있어야 진정한 내 것이 되는 것이다. 그리고 그렇게 결과물이 쌓여갈수록 그것은 언젠가, 무엇을, 해 볼 수 있는 무기가 된다.

020

돈과 시간의 자유, 커리어독립
_노마드의 삶을 위하여

언제 커리어독립할까?
_위기의 때가 바로 독립의 때

40대가 되면 누구나 갈 곳이 없다. 취직할 곳이 없다는 소리다. 그간의 세월을 허송세월하며 보내온 사람에게만 해당되는 말이 아니다. 다 그렇다. 헤드헌팅을 진행하면서 가장 크게 느꼈던 부분이 바로 이 부분이었고, 이것이 바로 모든 직장인들이 커리어의 시작부터 '커리어독립'을 염두에 두어야 하는 이유이다.

중학교 때부터 가족과 함께 미국에서 생활해서 영어와 한국어를 능숙하게 구사하고, 미국 유수 대학을 졸업한 후 글로벌 프랜차이즈 본사에서 근무했던 A는 현재 구직 중이다. A를 두고 어떤 친구가 "아니,

왜 그 학교에 그 경력에 구직 중이야? 그 정도면 다들 우리 회사에 와서 일하라고 하는 거 아니야?"라고 묻기에, 나는 이렇게 대답했다. "그러는 당신은 지금 있는 곳에서 퇴사하면 다른 곳에 취직하기가 쉬울까요?"라고.

40대 이후 갈 곳 없음은 그의 능력이 부족해서도, 그의 학력이 낮아서도 아니다. 그저 그를 수용할 만한 자리가 없기 때문이다. 신입 입사하고, 3~10년 사이. 이때까지가 소위 가장 잘 팔리는 때이다. 이때를 넘어가면 찾는 자리가 서서히 적어진다. 그리고 훌쩍 뛰어넘어 이제는 C레벨, CIO, CFO, CEO 등의 자리에 들어올 사람만을 찾는다. 그 중간이 없다. 극히 숫자가 적기 때문이다.

차장, 부장급은 재직 중인 회사에서도 그 숫자가 적고, 그러하기에 경력직 직원을 뽑는 숫자도 적다. 이때가 딱 40대. 그러므로 사원, 대리, 과장을 넘어서는 과정 동안 직장에서 배울 수 있는 것을 모두 배워둬야 한다. 이렇게 만반의 준비를 하고 있어야 불가피한 순간에 대처를 할 수 있다.

아무도, "아, 나 독립해야지.", "아, 나 사업해야지." 하면서 독립하고 사업하지 않는다. 물론 그런 분들도 있겠지만 어쩌면 그 분들은 지극히 일부일 것이다. 스스로 직장인이라는 위치가 주는 편안함을 내버리고 독립하는 것이 쉬운 결정은 아니기 때문이다. 사회는 생각보다 냉혹한 곳이기에, 학교에서 배운 것만을 가지고 섣불리 창업을 하는 것보다는 직장생활을 반드시 경험하기를 권하기는 하지만, 막상 직장생활을 시작하는 순간 그 안정성과 편안함에 몸과 마음이 익숙해진다.

직장생활이 힘들다고들 아우성치지만, 다들 그래도 마음 한 켠에는 '여기는 정글이지만, 나가면 지옥입니다.'라는 문장을 마음 깊숙한 곳에 공유하면서들 산다. 그래서 웬만한 위기에는 감히 스스로 독립할 생각을 하기가 힘들다. 위기가 온다고 한들, 마치 TV에서 나오는 상사에게 온갖 불합리한 처분을 받으면서도 눈물을 흘리며 참고 견디는 누군가처럼 그것이 그들에게 가장 최상의 처방인 경우가 많은 것이다.

그렇게 몇 번의 불합리한 상황을 겪고 나서야, 어느 순간 정말 버티기 힘든 큰 위기가 왔을 때, 사람들은 그럴 때 자의 반, 타의 반으로 독립을 하게 된다. 거의 다 그렇다. 그러므로 큰 위기는 큰 기회와 함께 온다고 하는 말은 정답이다.

위기의 때가 왔을 때, 몇 개 되지 않는 이직 자리를 찾아 헤매기보다는 이것을 기회로 삼아 보란 듯이 독립하기를 권한다. 그리고 독립을 위한 효과적인 준비는 위기가 오기 한참 전부터 독립을 위한 착실한 방안들을 마련해 나가는 데에 있을 것이다.

그리고 이보다 중요한 것은 혹여나 이렇게 스스로 독립을 도모하지 않는다고 해도, 준비 여하에 상관 없이 누구에게나 반드시 위기가 오고, 이때에는 자신의 의지와 상관없이 독립을 해야 하든지, 아니면 더 못한 조건으로 이직하든지 사이에 놓이게 되는 시점이 반드시 온다는 데에 있을 것이다. 그리고 이보다 더 시간이 흐르면 내가 눈높이를 아무리 낮춘다고 한들 일 할 수 있는 자리가 아무데도 없을 수도 있음에 반드시 대비해야 한다.

나 또한 위기의 시기에 커리어독립을 시도했고, 이것만이 내가 살 수 있는 방법이었음은 부인하기 힘들다. 많은 경력단절을 겪는 사람들이 그러하듯 나 또한 결혼하고 아이를 낳고 육아하면서 일을 그만두게 되었다. 그렇게 나도 경력단절여성 중의 한 명이 된 것이었다. 다만 그 이후 몇 년 지나지 않아, 남편이 갑작스럽게 사망하면서 다시 사회로 나올 수밖에 없는 상황이 발생했다. 그리고 피눈물을 흘리던 그 힘들었던 시기가 실은, 오히려 그동안 생각해 왔던 일을 시도해 볼 수 있는 기회를 얻게 해 주었다는 사실을 이제는 안다. '큰 위기는 큰 기회를 품고 온다.'는 문장을 내 삶을 통해 비로소 몸소 체험하게 된 것이다.

당시 나는 '따라 죽지 못한 자'라는 미망인(未亡人)이라는 단어가 의미하듯, 먼저 간 남편을 따라 하늘에 가도 이상하지 않을 만큼, 살 돈도, 살 집도 없는 극한의 상황이었다. 하지만 나는 죽지 않았고, 살아남아서 내 어깨 위에 놓인 두 어린 아이들을 생각하면서 헤드헌터라는 전문 직업의 세계로 뛰어들었다.

나는 그동안 사회생활 초년 시절 삼성그룹에서 숫자를 만지면서 느꼈던 여러 가지 일들, 여러 가지 생각들을 직장인들에게 이야기해 주고 싶다는 생각에 그때 생각했던 내용들을 글로 모으고 있기도 했었고, 이후 서울의 여러 대학교에서 전공 강의를 하면서 취업을 앞둔 20대 청년들과 많은 이야기를 나누기도 했었다. 그런데 큰 위기를 맞이하고, 그 위기를 돌파하는 과정에서 신기하게도 나는 취업준비생과 직장인들에게 커리어를 컨설팅해 주는 일을 전문적으로 하게 된 것이다.

만약 내게 취업, 이직, 커리어에 대한 생각이 그동안 정립되어 있지 않았다면, 내가 이토록 빠른 시간 안에 이 업계에서 두각을 나타낼 수 있었을까 생각하면 그렇지 않았을 것이라는 생각이 든다. 헤드헌터는 기업의 채용 요건에 적합한 인재를 서칭하기 위해 기업 인사팀과도 숱한 미팅을 진행해야 하기 때문에 어느 정도의 비즈니스 내공 없이는 프로젝트 진행이 불가능하기 때문이다.

이것이야말로 실로 위기가 기회임을 나타내는 상황이 아닐까? 이를 계기로 알게 모르게 내가 해왔던 일들을 정리하고 준비해 오는 것이 혹시 모를 다음 위기에 대비하는 것임을 나는 절실하게 깨닫게 되었다.

하지만 이러한 상황이 비단 내게만 국한되는 것은 아니다. 내가 겪은 일들은 사실 우주의 수많은 기쁨과 슬픔의 사건 중에 먼지와도 같은 아주 작은 일부분일 뿐. 세상에는 수많은 이야기가 있고, 그 이야기 속에 등장하는 많은 위기들은 늘 그것을 이겨내고자 하는 사람에게 큰 기회로 보답한다.

내가 아는 A 사장님의 경우도 같다. 그가 자신의 사업체를 꾸리게 된 것은 실은 전 직장에서 소위 잘렸기 때문이었다. 물론 형식상으로야 자발적인 퇴사였지만, 당시 어쩔 수 없는 상황이 되어 그곳에서 더 이상 일을 할 수가 없게 되었다.

그는 그렇게 작은 사무실을 열었고, 아무도 오지 않고, 거래했던 업체들도 모두 발길을 끊었지만, 그는 현재 10년 이상 살아남아 현재 업계 상위의 회사를 운영해오고 있다. 서울의 변두리 작은 사무실로 시작했던 사업체는 이제 여의도 한복판의 가장 유서 깊은 건물의 꼭대기 층에 자리 잡게 되었고, 업무에 더욱 매진하기 위해 여의도 주상복합 아파트로 이사한 지 벌써 오래 전이다.

이러한 사례는 수도 없이 많다. 다만, 아무리 이런저런 사례가 많다고 한들 내가 준비하지 않는다면, 그것은 그냥 남의 이야기일 뿐이다. 준비하지 않는 자에게 내 이야기란 그저 위기의 순간에 참고 견디는 것 외에는 다른 방안이 없는 것이다.

재직 중인 기업 대표와의 의견 차이로 인해 회사가 내 부하 직원을 내 직속상사로 만들어버리는 경우에도 나는 견뎌야 하고, 갑자기 먼 지방 근무로의 발령도 견뎌야 한다. 지금까지 했던 일과 아무런 상관이 없는 부서로의 배치에도 나는 참고 견뎌야 한다. 독립할 능력도 용기도 없고 이런 부당한 처사도 견디기 싫다면, 다른 이직 자리를 알아 봐야 하는데 당신 언제까지, 40세가 넘어서도, 몇 자리 있지도 않은 곳에 들어가기 위해 이력서 쓰는 일만 계속 하고 있을 건가?

진지하게 생각해 봐야 한다. 우리는 실제 일어난 사실보다 그 사실을 대하는 태도로 인해 더 많은 것이 변화할 수 있다는 사실을 늘 명심해야 한다.

"우리의 중요한 임무는 먼 곳의 희미한 것을 보는 게 아니라, 가까이 보이는 것을 실행하는 일이다."

_토머스 칼라일(Thomas Carlyle, 1795~1881)

어떻게 커리어독립할까?

독립의 발판, 도구
_SNS, 언택트비즈니스, 1인 브랜딩. 디지털 노마드의 삶

독립은 준비가 있어야 하는 것이라고 했다. 그리고 그 준비는 이 책을 통해 앞서 이야기한 모든 과정이 될 것이다. 삶은 유기적인 것이고, 한 인간이 어떤 사람인지를 말해 주는 것은 그가 그동안 어떤 삶의 궤적을 어떠한 방식으로 겪어왔는지에 있을 것이다. 그의 과거가 그의 현재의 모습을 설명해 줄 것이며, 이것이 다시 미래를 만들어갈 것이다. 그러므로 우리가 커리어독립을 하기 위한 준비들도, "자, 이제부터 커리어독립 준비 시작!"하는 순간부터 시작하는 것은 절대 아닐 것이다. 우리가 어떻게 살아왔는지 그 과정 전부가 사실 커리어독립을 위한 준비라고 할 수 있을 것이다.

하지만 그래도 조금이나마 현실적인 적용을 위해 그 범위를 한정해 보자면, 학부를 졸업하고, 취직하고, 이직하고, 전문성을 쌓고 하는 이러한 일련의 과정들이 구체적인 독립을 위한 준비 과정에 해당한다고 볼 수 있을 것이다. 그리고 그런 준비를 하고 있을 때, 모두에게 정말 귀신같이, 뜻하지 않게 반갑지 않은 위기는 우리를 찾아온다. 그리고 그 위기를 기회 삼아 우리는 독립하는 것이다.

이러한 독립의 시기에는 물론 힘들겠지만, 그래도 우리가 장차 커리어독립을 성공적으로 해내기 위해서 미리 알아둬야 하는 것, 가장 공을 들여 준비해야 하는 것이 있다. 바로 "1인 브랜딩"이다.

나를 브랜딩하는 것은 커리어독립을 위한 가장 중요한 필수 조건. 늘 염두에 두고 있어야 한다. 소위 '디지털 노마드'라고 이야기하는 시간과 장소에 구애 받지 않는 삶을 꿈꿔도 좋다. IT의 발달, 인터넷의 발전은 누구나 독립을 할 수 있는 효과적인 플랫폼이 되기에 1인 브랜딩을 효과적으로 수행할 수 있다. 1인 브랜딩만 잘 되어 있다면, 디지털 노마드와 같은 방식의 커리어독립은 더 이상 꿈이 아닌 현실이다.

사실 1인 브랜딩을 하는 데 있어서 디지털 노마드의 삶은 아무리 강조해도 지나침이 없다. 디지털, 온라인 세계에서의 일들은 직장생활을 하면서도 충분히 가능한 일이기에 부담이 없고, 현실적으로 개인이 도달할 수 있는 가장 가능성이 큰 분야이기 때문이다.

그래서 누군가는 독립을 위해 일부러 SNS 비즈니스를 배울 수 있는 회사로 취직하기도 한다. 커리어독립을 할 '아이템'이 분명할 경우, 커리어독립의 성공 여부는 브랜딩을 어떻게 진행해 나가는 가에 달려 있기 때문이다. 커리어독립을 할 경우, 1인 브랜딩은 그 업종 및 분야를 막론하고 반드시 미리부터 구축해 두어야 할 사항이다.

포스트 코로나 이후 언택트비즈니스 등이 주목 받고 있는 상황은 사실 1인 브랜딩을 하기에 오히려 호재라고 할 것이다. 언택트비즈니스란 디지털을 기반으로 할 수밖에 없고, 막대한 자본이 필요한 오프라인 세계에 비해 적은 시간과 자본으로 진행할 수 있는 온라인 세계는 적은 자본으로 커리어독립하기 위해 고군분투하는 보통의 직장인들에게 최적 맞춤된 세계라고 할 수 있을 것이다.

하버드 대학의 피파 노리스 교수는 디지털 격차(digital divide)에서 디지털 기술을 이용하는 집단이 자신의 경제적 이익을 강화하기에 훨씬 더 쉽다고 설파한다.[2] 이를 통해 부유층은 더욱 부유하게 되고, 취약계층은 더욱 소외되게 되는 것, IT가 바로 부와 권력의 원천인 것이다.

앞으로 IT를 어떻게 활용하는가는 1인 브랜딩, 커리어독립에는 물론이요, 우리 사회의 가까운 미래를 결정하는 주요한 요인이 될 것이다. 그리고 이러한 상황은 커리어독립을 꿈꾸는 자들에게는 더할 나위 없는 기회인 것이다.

* 최근 발간된 〈무조건 돈이 되는 공부를 하라〉(이승준 저)나 〈나는 직원 없이도 10억 번다〉(일레인 포펠트 저), 〈네이버카페 플랫폼비즈니스로 6개월 안에 연봉벌기〉(박영식 저) 등 1인 브랜딩, 디지털 노마드에 관한 이야기들을 다루는 도서는 현재 서점가에 무궁무진하게 포진해 있다. 이러한 책을 통해 1인 브랜딩을 위한 현실적인 아이디어를 얻는 것도 커리어독립을 위한 방법을 마련하는 데에 큰 도움이 될 것이다.

---

2) 디지털 시대의 민주주의 정보불평등과 시민참여(Digital Divide), 피파 노리스 저/후마니타스, 2007.9.

무엇으로 커리어독립을 할 것인가?
_독립의 아이템

커리어독립의 시기, 방법도 중요하지만, 사실 커리어독립을 하기 위해서는 "무엇으로 커리어독립을 할 것인가?"가 가장 중요한 질문이 될 것이다. 많은 직장인들이 커리어독립이 필요하다는 것은 알지만, 지레 처음부터 시작할 마음조차 하지 않는 것은 이미 본인이 몸담고 있는 분야가 커리어독립을 하기에는 거리가 먼 분야라고 생각하기 때문이다.

다만 그럼에도 불구하고, 내가 커리어독립을 위한 아이템을 선정하고자 할 때 가장 힘주어 말하고 싶은 것은, 여전히 "자신의 본업을 살리라."는 것이다. 본업을 살리고자, 본인이 담당했던 직무, 회계, 마케팅, 연구 등을 발전시켜서 독립할 수도 있고, 몸 담았던 업종, 식품, 유통, 통신, 반도체, 제약 등의 해당 분야에서 무언가의 틈새를 발견하여 독립할 수도 있을 것이다. 오랜 시간 한 업종, 한 분야에서 직장생활하면서 늘 관찰하고 분석해 왔던 바로 그 분야에서 독립하는 것이다. 오랜 시간을 들여 바라본 그곳에서 기회를 찾아내는 것, 이것은 직장생활에서 받는 월급이 메우지 못하는 내 노후생활의 단비가 될 수 있다.

하지만 아무리 10년 이상 관찰해 왔다고 해도, 그 어떤 틈새시장도 발견하기 힘들어 독립하기에는 역부족이라는 생각이 들 수도 있고, 이 분야는 도저히 1인 브랜딩하기에는 힘든 분야라서 커리어독립은 불가능하다고 생각되는 부분도 있을 것이다.

이런 경우 현실적으로 자신의 본업을 살려서 독립하는 것이 어려울 수 있다. 그것은 해당 분야의 특성에 따른 것일 수도 있고, 그 분야에 대한 자신의 능력 여하에 따른 것일 수도 있다. 다만 이러한 경우에도 직장생활을 경험하는 것은 그래도 커리어독립에 훌륭한 자양분이 될 것임에는 틀림없다.

성공적인 커리어독립을 위해서 직장생활을 통해 기본적인 조직관리 기법, 인간관계 기법, 조직 운영의 생리 등은 반드시 알고 있어야 하고, 이것을 효과적으로 배울 수 있는 곳이 바로 직장이기 때문이다.

직장생활을 통해 조직이 굴러가기 위한 기본적인 요소들을 배우고 사회에 대하여 배워가면서, 본업이 아니라고 해도 분명 커리어독립을 위한 '꺼리'들을 찾을 수 있다. 직장생활하면서 직장에서 지원해 주는 동호회 활동을 꾸준히 해오며, 자신이 평소에 해왔던 취미생활을 통해서 플랜 B를 만들어 가는 것도 하나의 방법이 될 것이다.

어떤 취미생활이든 10년 정도의 기간 동안 꾸준히 공을 들이게 되면 그것이 바로 플랜 B가 되어 플랜 A가 그 힘을 잃었을 때, 그것을 대체할 수 있는 능력을 가질 수 있게 된다. 대한민국 사람이라면 누구나 알고 있는 안철수 대표의 경우에도 의대생 시절 취미로 했던 컴퓨터가 바이러스 의사로의 그의 제2의 인생을 꾸리게 했음은 누구나 알고 있는 사실이지 않던가? (그의 이후의 정치적 인생의 궤적은 논외로 한다.) 직장생활을 그만 두게 되었을 때, 10년 이상 지속해오던 요가 강사로 제2의 커리어를 시작하게 될지, 취미로 그리던 그림, 일러스트 등을 유튜브나 인스타그램을 통해 판매하여 쏠쏠한 수입을 올리게 될지는 아무도 모르는 일이다.

이렇게 커리어독립의 아이템들은 본업으로도, 부업으로도, 취미로도 우리가 관심을 가지고 미리부터 준비한다면 무엇으로도 가능할 수 있다. 다만, 그 준비하는 마음에 가장 우선적으로 필요한 것이 있다면, 그것은 사회적 대의를 마음에 품는 것이다.

사람은 얼마나 많은 사람들에게 그 영향을 끼치느냐에 따라 그 위대함이 결정되는 법이다. 그러므로 큰 꿈을 꾸는 사람은 반드시, 나 외에 타인을 위하는 마음을 가져야 한다.

비단 큰 꿈을 꾸지 않는다고 해도, 돈을 번다는 것은 기본적으로 타인이 스스로 자기 주머니에서 내 주머니로 돈을 넘겨주는 행위를 통해 가능한 것이기에, 타인을 생각하는 마음은 필수적이다. 그리고 보다 많은 사람의 불편을 개선하고자 하고, 그들의 마음에 공감하며, 그들의 어려움을 돕고자 한다면, 내가 돕고자 하는 사람의 숫자가 많아질수록 역설적으로 내게도 더 큰 효익이 있을 것임은 당연한 사실일 것이다.

그러므로 우리는 커리어독립의 아이템을 선정하는 데에 있어서 타인을 위하는 마음, 크게는 '사회적 대의'에 관심을 두고 있어야 한다. 심지어 내가 아주 힘들고 어려운 상황에 놓였을 때조차도 나보다 더 어려울 누군가를 위한 생각을 하고, 그를 책임지고, 그들을 위함으로써 내 인생을 그 힘듦 속에서 구해낼 수 있게 된다.

나 외의 타인을 돕고, 그들과 함께 더 큰 미래를 해 나가기 위한 생각들은 오히려 나를 더욱 성장시키고, 커리어독립을 위한 수많은 방안들을 제공할 것이다.

명확하게 이야기하자면 커리어독립의 아이템은 위기의 시기가 오고, 그 위기의 시점에서 나보다 더 힘들 다른 사람을 생각하는 데서 나온다. 내가 너무 힘들 때 역설적으로 나처럼 힘들 다른 누군가를 생각해 보는 것이다. "어쩌면 나와 같은 상황에 나보다 힘들 다른 누군가를 위해서 내가 지금 무엇을 할 수 있을까?" 바로 이런 질문에서 커리어독립의 아이템을 찾을 수 있게 된다. 그리고 그때 찾은 아이템은 아마 알게 모르게 당신이 당신 인생을 통해서 꾸준하게 고민해 왔던 바로 그것과 연결되는 어떤 것일 것이다.

나는 "나와 같은 경력단절을 겪었던 사람들을 위해 그들에게 커리어 차원에서 어떤 방안을 제시할 수 있을 것인가?"를 요즘 고민하고 있다. 내가 하고 있는 분야에서 그 분야와 연관된 다른 것들을 끊임없이 고민한다면, 나는 그것이 또 다른 새로운 길을 열어줄 것이고, 바로 이런 것들로 우리가 커리어독립을 하는 것이라고 믿는다.

나는 커리어의 시작부터 독립을 염두에 두었다. 학부를 졸업하고 삼성에 취업하고, 만족스러웠지만 무엇인가 부족하다고 생각했다. 나는 가끔 "과연 내 꿈이 회사원이었을까?"라는 질문을 던졌고, 그에 대한 답을 찾고자 했다. 그리고 "이 회사에서 임원이 되는 것은 어떤 길이고, 그것은 과연 얼마만큼의 가치가 있을까?"를 더불어 생각했다.

그런 고민이 있은 후 나는 다시 석사, 박사 공부를 시작했고, 서울의 대학교들에서 전공과목을 강의하며 학생들을 만났다. 그때 그들과 나눴던 이야기들은 지금 내가 헤드헌터로 일하면서 커리어 컨설팅을 하는 데에 많은 도움이 되고 있다. 나는 '헤드헌터'라는 인사, 채용을 전문적으로 컨설팅하는 명확한 직업을 생각해 본 적은 없었지만, 신기하게도 내가 했던 모든 일들은 지금의 나의 일과 연관되는 부분이 있었다.

사회생활의 초반부터 지금까지의 나의 커리어 전부가 지금의 '헤드헌터'로의 커리어독립을 위한 준비 과정이었나 하는 생각이 들 정도이다. 그리고 나는 헤드헌팅을 진행하며, 40대 이후 구직자들과 또 어떤 포지션에도 쉽사리 추천하기 힘든 경력단절을 가지고 있는 이력서들을 보며, 그들을 위해 내가 무엇을 할 수 있을지를 고민하게 되었다. 이러한 고민은 나를 '커리어독립'이라는 주제로 이끌었고, 현재도 이를 바탕으로 더 많은 가치를 세상에 주기 위해서 무엇을 해야 하는지를 나는 늘 생각하고 있다. 그리고 이러한 고민들은 내게 보다 더 큰 성공적인 독립생활을 선물할 것이라고 믿는다.

* 맹목적인 이윤추구가 아닌 사회적 가치를 추구함으로써 더 큰 비즈니스를 향유할 수 있다는 것은 〈위코노미〉(크레이그 킬버거, 홀리 브랜슨, 마크 킬버거 저) 등의 자료를 통해서 상세한 사례 및 구체적인 조언들을 살펴볼 수 있다.

커리어독립 사례들

실제로 직장생활의 초기부터 '커리어독립'을 생각하고 준비하는 사람들은 우리 사회에 많이 있다. '블리몽키즈'의 유승완 대표도 그런 경우이다. 그는 직장생활의 처음부터 커리어독립을 염두에 두고 시작했다. 삼성전자 입사 당시, 그는 이후의 인도시장에서의 창업을 생각해서 인도 사업부를 지원했다. 그리고 현재 블리몽키즈는 벤처캐피탈로부터 투자를 성공시키면서 인도에서 K뷰티를 성공적으로 런칭하고 있다.

누구나 알고 있는 회사 '카카오'의 김범수 의장(카카오임팩트 이사장)도 처음에는 평범한 회사원이었다. 그는 가난한 집에서 피나는 노력으로 공부하여 서울대학교 산업공학과를 졸업했다. 그는 삼성SDS에 입사해 입사동기인 이해진 네이버 이사회 의장과 직장생활을 같이 했는데, 부업으로 최대 규모의 PC방을 열어 퇴사 후 게임회사 '한게임'을 세우고, 네이버컴과 합병해 NHN을 만들었다. 하지만 그에게도 굴곡은 있었다. 네이버가 포털 사이트 1위로 올라서자 한게임 의존도가 낮아진 것이다. 그는 NHN 해외지사를 돌다 미국으로 떠났고, 이후 몇 차례 사업에 실패한 뒤 한국에 돌아왔다. 미국에서 귀국하자마자 그는 모바일 메신저 '카카오톡'을 시장에 내놓았다. 그는 타고난 승부사 기질의 소유자로 평가받는데, 현재 청년창업을 위한 교육활동을 하면서 스타트업에 자금지원하기 위한 회사를 설립하는 등 '카카오 생태계'를 구축하는 데 전력을 다하고 있다.

또 다른 사례로는 세계적으로 알려진 '스타벅스'의 하워드 슐츠 회장이 있다. 슐츠 회장은 기회의 땅 미국에서도 손꼽히는 자수성가 사례다. 그는 가난한 노동자의 아들로 태어나 영업사원으로 일했다. 대학을 졸업한 슐츠는 당시 복사기로 유명하던 제록스에 영업사원으로 입사했고, 3년 동안 제록스에서 일한 후 스웨덴의 생필품 회사인 햄머플래스트(Hammarplast)로 이직했다. 자그마한 회사였던 햄머플래스트에서 두각을 드러낸 슐츠 회장은 1980년대에 들어 미국 내 판매 총책임자의 자리에 오르게 되었다. 그리고 그는 이후 작은 커피 브랜드를 인수했고, 각고의 노력 끝에 자신의 회사를 세계 최고의 커피 브랜드로 만들게 된다. 현재 스타벅스는 77개국에서 2만 8천여 개의 매장을 운영 중이다. 한국에 보유한 매장의 수만 1,150여 개가 넘는다. 미국, 중국, 일본, 한국 등 전 세계 주요 국가 도시 어디에서나 스타벅스를 만나볼 수 있다. 영업 사원으로 일했던 그의 경력 없이, 그가 직장생활을 통해 배운 노하우 없이, 과연 지금의 스타벅스가 탄생할 수 있었을까?

배달의 민족으로 잘 알려진 '우아한형제들'의 김봉진 대표도 대표적인 커리어독립 사례라고 할 수 있다. 2019년 12월 '우아한형제들'은 독일계 글로벌 배달서비스 기업 딜리버리히어로(DH)에 약 4조 8천억 원 수준에 매각되면서 핫 이슈가 된 바 있다. 같은 해 현대산업개발(HDC)이 아시아나 항공 인수 협상자로 선정되면서 내건 금액이 2조 5천억 원이었던 것을 감안하면 실로 어마어마한 수준의 금액이라고 할 수 있을 것이다. 이 매각 이후 김봉진 대표는 아시아 배달사업을 총괄하기로 한 것으로 알려져 있다. 우아한형제들의 매각 결정에 대하여는 아직 갑론을박이 있지만, 그가 아주 성공적으로 커리어독립한 사례에 해당한다는 사실에 이견을 제시할 사람은 많지 않을 것이다.

김봉진 대표는 원래 디자이너였다. 1976년생으로 서울예술대학 실내디자인과를 졸업하고 이모션, 네오위즈 등에서 디자이너로 일했다.

그러다가 직접 가구 디자인을 해서 판매하는 가구점을 운영했으나 잘 팔리지 않아서 사업을 접고 다시 네이버로 들어가서 디자이너로 일했다. 하지만 계속 멈추어 있는 기분에 회사를 그만두고 국민대학교 시각디자인 대학원에 진학했고, 배달의 민족을 런칭했다.

그는 디자이너로 일하며 쌓은 실무 경험이 창업이나 기업 경영에 도움이 된다고 이야기한다. 웹 디자이너로 일하면서 브랜드를 어떻게 이끌어나가야 하는지, 브랜딩의 중요성을 배울 수 있었고, 네이버에서 근무하면서 다양한 분야의 디자이너, 크리에이터가 영역 구분 없이 일하는 분위기에서 많은 영감과 자극을 받았다고 한다. 디자인하면서 '사람들의 마음을 어떻게 움직일 것인가?'에 대한 명확한 전략과 비전을 기획하는 일들을 했고, 이러한 경험은 지금의 배달의 민족을 만드는 데 십분 기여한 것이다.[3)]

나는 조직생활을 충실히 하지만 거기서 만족하지 않는 성장의 욕심, 조직생활에서 배운 것들을 하나도 허투로 하지 않고 다시 새로운 일에 투입해서 변화를 이끌어 내는 능력. 이런 것들이 바로 김봉진 대표의 커리어독립을 성공적으로 이끈 것이라 믿는다.

자, 이제 당신 차례이다. 사실 우리가 생각하지 못했던 것은 처음부터 그런 삶이 있는지 알지 못했기 때문인 경우가 많았다. 아니, 알고 있

---

3) 디자인하우스(월간디자인 2017년 1월호 참조)

더라도 정말 그런 것이 성공할 수 있는 것인지, 그렇게 해도 되는 것인지 반신반의했기 때문이었다. 그런데 이제 당신, 성공적인 직장생활을 통해 커리어독립을 해야 한다는 것에 대하여 그 당위도 충분하고, 방법도 알고, 사례도 안다. 그런데 못할 이유가 무엇인가?

우리의 생은 그저 직장 안에서만 살기에는 너무 아쉽다. 정말 당신의 꿈은 회사원이었습니까?

P.S

역경에 굴복하지 마세요

대학 때 나름대로 열심히 공부했고, 남들은 다 어렵다는 취직이라는 관문도 통과했지만, 우리는 여전히 공부를 해야 하고, 또 무언가를 이루기 위해서 노력해야 한다. 신문에 나오고, 텔레비전에 나오고, 사회에서 무언가를 이루었다 싶은 사람들은 모두 평생을 학습하며 살았던 사람들이다. 내가 지금 무엇을 하고 있는지에 상관없이 더 나은 나를 위한 노력은 계속되어야 한다.

이런 것을 모두 다 알고 있지만, 선불리 실천에 옮기지 못하는 이유는 첫째는 용기가 없기 때문이고, 둘째는 무엇을 시작하고, 무엇을 배우게 되든지 돈이 들어가는데, 나는 돈을 모아야 하고, 또 돈이 부족하기 때문이다.

언제나 무엇을 시작하기를 두려워하고, 변화를 싫어하며, 현재도 충분히 좋다고 외치는 사람들은 더 좋은 삶을 보지 못하고, 느끼지 못했기 때문이며, 그 마음 속 깊은 곳 실제 마음에는 용기가 없기 때문이다. 자신의 삶이 충분히 만족스럽고 자신의 성취에 취해 있는 사람은 평생 그 정도에서 만족하면서 살면 된다. 하지만 그렇지 않은 사람들은 용기를 내어서 더 나은 삶에 도전할 수 있다.

그리고 무엇을 시작하고, 변화를 도모하기 위해서 용기가 없는 사람들이 첫 번째로 대는 핑계는 '나는 돈이 없다'는 것이다. "나는 돈이 없어서 공부를 할 수 없고, 나는 돈이 없어서 지금 다른 취미를 즐길 수가 없다."고 말한다. 원래 공부나 취미는 돈 있는 사람이나 원래부터 여유가 있는 사람이 하는 것이라고, 나는 그 정도 여유가 없기 때문에 할 수 없다고 말한다.

그래 맞다. 그래서 돈 있는 사람은 계속 번창하고, 점점 더 나은 삶을 살게 되고, 돈이 없는 사람은 그냥 지금처럼 평생을 살게 된다. 그래서 그들 말대로 돈이 없는 사람이 무언가를 시작하고, 변화를 도모하기 위해서는 원래부터 돈이 있는 사람보다 더 많은 용기가 필요하다. 그렇게 돈이 없다는 핑계를 대며 용기를 내지 못하니깐 평생을 그 상태로 살게 되는 것이다. 그래서 부익부빈익빈이 생기는 것이다.

내가 만약 돈이 그리 많지 않다면, 인정할 건 인정하고 그저 남들보다 더 많은 용기를 내면 된다.

남들은 편하게 일만 하거나 공부만 하면 되는 것을, 당신은 돈이 없으니까 일하면서 공부하거나, 무언가 다른 수입원을 찾으면서 변화를 도모하면 된다. 그 고생을 감당할만한 용기를 남들보다 더 내면 된다. 지금 부자인 사람들도 처음에는 다 그런 용기를 내어서 지금 그렇게 부자가 되었다. 그리고 점차 어떤 상태에 올라가게 되고, 관성의 법칙이 적용하게 되어 이제는 다른 사람들보다 더 적은 용기를 내어도 더 많은 변화를 이룰 수 있게 된 것이다.

그저 당신이 남들보다 돈이 없다는 이유로 현 상태에서 변화하지 못하고, 지금의 상태를 계속해서 유지하면서, 현재의 상태가 만족스럽다고 자신을 세뇌시키면서 살아야 할 이유는 없다. 많은 사람들이 돈이 없다는 핑계를 대면서 용기를 내는 것을 포기하므로, 계속해서 똑같은 상태로 살게 되는 것이다.

항상 무엇을 하든지 가장 중요한 것은 용기이다. 당신 마음속에 자라나고 있는 다른 수많은 이유들은 모두 핑계일 뿐이다.

초등학교 6학년 때 선생님께서 수업 중에 해 주신 말씀이 있었는데, 어린나이에도 그 말이 너무 가슴 깊이 다가와서 지금도 기억하고 있다.

선생님은 어렸을 때 많이 가난했다고 하셨다. 공부를 특출 나게 잘하는 편은 아니었지만 그렇게 못하는 편도 아니었는데, 집에 돈이 없었고, 그래서 등록금이 거의 없는 교육대학교를 선택했다고 했다. 그리고 그때 당시 선생님께서 친하게 지내는 친구가 있었는데, 그 친구네 집도 형편이 좋은 편은 아니었고, 선생님네 집과 상황이 거의 비슷해서 등록금 때문에 대학진학에 고민이 아주 많았다고 했다. 그 친구와 선생님은 대학진학을 앞에 두고 함께 방에 누워서 서로 고민을 이야기하기도 하고 이야기도 많이 나누었다고 했다. 그렇게 고민하다가, 그 친구는 결국 의과대학을 선택했다고 했다.

그 친구가 선택한 대학에 합격하고 나니 그 친구네 친척들이 의과대학에 붙었는데, 졸업시켜야 하지 않겠냐며 도와주어서 어찌어찌해서 대학을 졸업하게 되었다고 했다. (뜻이 있는 곳에 길이 있고, 지성이면 감천이라는 것이 맞다. 돈이 있는 곳에 길이 있는 것이 아니라, 뜻이 있는 곳에 길이 있다.)

그 말씀하시며 맨 끝에 선생님께서는 이런 말씀을 덧붙이셨다. 그래서 지금 그 친구는 의사로 살고, 나는 지금 이렇게 초등학교 선생님으로 산다고 하셨다. 너희들도 돈 때문에 무엇을 포기하는 결정은 하지 않았으면 좋겠다고 말씀하셨다.

초등학교 선생님과 의사라는 직업을 비교해서 이야기하고자 함이 아니다. 돈이 자신의 꿈을 재단할 수 없다는 것을 말하고 싶은 것이다. 돈이 없다는 이유로 꿈을 낮게 잡으면 결국 그 사람은 끝까지 자신의 상황을 극복할 수 없게 된다.

자신의 결정이 긍정적인 효과를 가져올 것이 분명하다면, 가끔씩은 무모해 보이고 힘들지라도 인생에 무리수를 둘 때 그 인생은 변화를 맞게 된다. 분명 돈이 없으면 똑같은 것을 얻기 위해서 더 고생을 해야 하는 것은 맞다. 하지만 그 고생을 맞이하는 것을 두려워하면 평생 똑같은 모습으로 살게 된다. 그들의 인생에 변화란 없다.

나는 아직도 내가 힘이 들고, 가끔씩 지칠 때마다 의도하지 않더라도 초등학교 때 선생님께서 해 주셨던 이 이야기가 떠오르곤 한다. 돈이 없다고, 가난하다고 계속 이 모습 이대로 살아갈 이유는 없다. 단지 남들보다 용기만 조금 더 내면 된다.

무엇인가를 손에 넣기 전에는, 반드시 그를 위한 준비를 해야 합니다. 인생이란 보다 큰 것을 향해 가기 위한 준비의 연속입니다. 모세는 80년을 걸려 준비했고, 40년을 소비하며 일했습니다. 예수는 3년을 위해 30년을 준비했습니다. 그러나 우리 대부분은 '당신도 5분이면 할 수 있다'와 같은 교재로 준비를 하려 듭니다.

_랠프 팔레트, 〈위대한 역경〉 중에서

인생비즈니스가 사랑인 이유

“비즈니스는 사랑이다.”라는 명제에 대해서 그것이 정말 진실임을 깨닫게 된 것은 사실, ‘돈과 사랑 중에서 어떤 것이 더 중요한가’를 고민해 보는 데에서 출발했다.

돈이 없는 사랑은 공허한 외침일 수밖에 없다고 생각하지만, ‘그래도 사랑이 먼저여야 하는 것 아닌가?’라는 말은 거의 다짐과도 같은 것이었다. “그래, 돈이 있어야 사랑을 할 수 있는 것이지만, 그래도 사랑이 더 중요해야 해! 그래야 아름다운 세상이지!” 하는 것. 이것은 진실을 말하는 것이라기보다는 마땅히 그래야 한다는 당위와 같은 것이었고, 결심, 다짐과 비슷한 것이었다.

혹자는 “어찌 돈이 있어야 사랑을 할 수 있다고 하는가?”라고 반문할지도 모르겠지만, 내 사랑을 위해서 내 것을 내어주는 것이 사랑이라고 한다면, 내 것이 많을수록 더 많은 것을 줄 수 있고, 더 큰 사랑을 할 수 있는 것 아니겠냐고 이야기하고 싶다. 그러므로 내가 진정한 사랑을 만난다면 그에게 더 많은 것을 주기 위해서 나는 물질적으로도 더 많은 것을 가지고 있어야 더 많은 것을 내어줄 수 있는 것이다. 내어줄 수 있는 것이 아무것도 없는 사랑은 그저 허공의 외침과도 같은 것이 아닐까? (물론 물질적인 것을 내어줄 수도 있을 것이고, 내 시간을 내어줄 수도 있을 것이고, 내 몸을 내어줄 수도 있는 것이고, 내 지식을 내어줄 수도 있을 것이다. 그리고 만약 진짜 사랑을 한다면 이 모든 것을 다 내어주어, 내 영혼과 물질을 모두 주고 싶어지지 않을까 싶다.)

그러면 사랑의 도구가 될 수 있을 '내 것'은 어떻게 만들 수 있을 것인가에 대한 고민이 있어야 할 것이다. 쉽게 이야기해서 '내가 내어줄 내 것'을 '돈'이라는 단어로 치환하면, 나는 어떻게 돈을 벌 수 있을까? (내가 내어줄 수 있는 것들의 종류는 다양할 수 있지만, 그 중에서 돈은 가장 측정 가능하고 쉬운 아이템이라고 생각한다. 진짜 사랑을 한다면, 내가 줄 수 있는 것 중에서 어느 한 아이템은 내어주고 다른 아이템은 내어주지 않고 하기는 어렵다. 사랑을 하면 모든 아이템이 적절히 다 내어지는 수순을 밟게 될 것인데, 그 중에 돈이 가장 측정하기 쉬운 지표라는 것이다. 어떤 사람의 마음이 어디에가 있는지를 보려면, 그 사람이 돈을 어디에 가장 많이 쓰는지를 보면 되는 것과 같다.)

돈은 돌고 도는 것이고, 기본적으로 돈을 번다는 것은 타인의 주머니에 있는 돈을, 타인이 스스로 내 주머니에 넣어주도록 만드는 것이다. 이것이 돈을 버는 것의 기본 로직이고, 비즈니스의 기본 로직이 될 것이다.

그렇다면 타인이 그 스스로 알아서 내 주머니에 돈을 넣어주도록 하려면 타인이 내게 호감을 가지고 있어야 하고, 타인이 스스로 판단하기에 내 주머니에 자신의 돈을 넣어주는 것이 자신에게 그보다 더 큰 유익이 있어야 할 것이다. 즉 내 주머니에 타인이 스스로 돈을 넣는 행위가, 그 타인 본인에게 도움이 되어야 한다는 것이다. 그러므로 돈을 버는 행위는 기본적으로 타인의 마음을 움직이는 것이며, 그의 마음을 움직이려면 그에게 내가 도움을 줄 수 있어야 하고, 그에게 호감을 가지고 있어야 한다.

내가 다른 사람을 기꺼이 돕고, 그가 잘되기를 바라고, 그에게 호감을 가지고 배려하는 것. 이것을 한 단어로 요약하면 바로 사랑이 아닐까? 그러므로 비즈니스는 사랑이다. 비즈니스의 본질은 사람의 마음을 사는 일이기 때문이다. (문제는 사람의 마음은 늘 움직이고, 사랑도 변한다는 것이다. 그래서 우리는 늘 내 사랑을 지키고 발전시키기 위해서 항상 연구하고, 노력해야 한다. 한번 믿은 후 그 이후에 노력하지 않는다면, 믿었던 사랑이 배신할 수도 있고, 영원할 것만 같던 내 돈도, 내 비즈니스도, 어디론가 다 사라질 것이다.)

그래서 우리의 비즈니스, 우리의 커리어를 확장하고 개발해 나가는 데에도 사랑이 있어야 하고, 직장생활을 시작함과 동시에 펼쳐지는 기나긴 커리어독립의 과정의 밑바탕에도 늘 사랑이 있어야 한다. 우리는 나의 인생을 사랑하고, 타인을 사랑하고, 사회를 사랑하고, 우주를 사랑해야 한다. 이러한 사랑의 마음으로 커리어의 큰 그림을 그리고, 성공적인 조직생활을 바탕으로 전문성을 갖추어 독립하는 나만의 '커리어독립플랜'을 세워나가야 한다.

그리고 그것은 지금 시작해야 한다. 가장 작을 때, 가장 쉬울 때. 지금이 지나가면 모든 것은 조금씩 자라나고 어려워질 것이 분명하다. 지금, 커리어독립을 위해 꾸려나가야 한다.

1980년대쯤이었을 것이다. 당시 '사랑방 중계'라는 인기 있는 TV 프로그램이 있었는데, 어느 날 여고생 100명에게 "아버지가 출세하지 못한 이유가 무엇이냐"고 물었다. 1위가 무엇이었을까? '돈이 없어서', '배경이 없어서'라는 대답도 있었다. 하지만 1위는 아니었다. 1위는 '소극적이어서'다. 딸들의 눈에 비친, 아버지가 출세하지 못한 이유는 꾸준히, 그리고 적극적으로 노력하지 않아서였다.

_서광원, 〈시작하라 그들처럼〉 중에서

커리어독립을 위해 함께 정진할 분들은 네이버카페 커리어독립스쿨에 가입하여 커리어 성공, 커리어독립을 위한 갖가지 방안들을 함께 모색해 보는 것을 추천드린다.

네이버카페 커리어독립스쿨

https://cafe.naver.com/oknimsalon

싸구려 월급 미친 세금

커리어독립플랜

NO 1. 헤드헌터가 알려주는 직장생활의
시작, 이직, 커리어독립 준비까지

초판 1쇄 발행 2020년 9월 10일

지은이 | **김경옥**
기획 편집 총괄 | **호혜정**
편집 | **김수정**
기획 | **이다현 김민아**
표지·본문 디자인 | **이선영**
교정교열 | **호혜정 김민아**
마케팅 | **최미남 김태현**
펴낸곳 | **리텍 콘텐츠**
주소 | **서울시 용산구 원효로 162 세원빌딩 606호**
전화 | **02-2051-0311** 팩스 | **02-6280-0371**
이 메 일 | **ritec1@naver.com**
홈페이지 | **http://www.ritec.co.kr**
페이스북 | 블로그 | 카카오스토리채널 | **[책속의 처세]**
ISBN | **979-11-86151-40-2 03320**

· 이 도서의 국립중앙도서관 출판예정도서목록(CIP)은 서지정보유통지원시스템 홈페이지(http://seoji.nl.go.kr)와 국가자료종합목록 구축시스템(http://kolis-net.nl.go.kr)에서 이용하실 수 있습니다.
(CIP제어번호 : CIP2020031070)